# 세계 위인의 생가를 찾아서

## 2권

– 유럽 편 –

도서출판 애드 파워

# 서 문

미국 2차에 걸쳐 11개월, 중남미 5개월, 유럽 약 3개월 간 장기여행을 하면서 역사상 대업을 이룬 위인의 기념관을 탐방했다.

1권에서는 미국과 중남미 위인들의 기념관을 탐방하고 2018년 정부의 창작지원금을 일부 받아 펴냈다.

4년의 준비 끝에 2014년 유럽여행을 했다. 맨 먼저가 영국, 북 프랑스, 스페인 등 시계 반대 방향이었다.

2권 유럽편은 금년 정부의 장작지원금을 일부 받아 책을 펴낸다. 좀 늦은 감이 있지만 완성을 보게 되었다.

이 책은 어디까지나 글이다. 사진은 보조적이다.

이 책의 본문에 인용된 영어 원문은 대부분이 기념관에 전시해 놓은 것을 사진으로 담아와 번역했다. 최선을 다했지만 오역이 많을 것이다. 항상 느끼는 것이지만 외국어 번역의 어려움을 통감했다. 사진은 99%는 저자가 직접 찍은 것이다.

이렇게나마 책을 내게 된 것을 다행으로 생각한다.

2021년 가을 빈계산 기슭 금수재에서

글쓴이

82일 간의 유럽 여행에서 주로 관심을 가진 것 중의 하나가 문인, 음악가, 미술가의 기념관 탐방이었다. 예술에 큰 족적을 남긴 사람들은 존경받아 마땅하다.

이번에 여행한 유럽 14 국의 면적과 인구를 조사해 보았다.(2014년)

| | | |
|---|---|---|
| 네델란드 | 41,525km$^2$ | 1,640만 |
| 독일 | 356,866 | 8,300만 |
| 벨기에 | 30,000 | 1,040만 |
| 스위스 | 41,285 | 740만 |
| 스페인 | 505,000 | 4,300만 |
| 영국 | 240.000 | 6,000만 |
| 오스트리아 | 83,855 | 820만 |
| 이탈리아 | 301,230 | 5,780만 |
| 체코 | 78,864 | 1,020만 |
| 프랑스 | 551,000 | 6,020만 |
| 바티칸 | 1 | 900명 |
| 모나코 | 1.95 | 30,000명 |
| 산마리노 | 61 | 28,117명 |
| 룩셈부르크 | 2,584 | 44,000명 |

여행한 순서는 파리 > 영국 > 프랑스북부 > 스페인 > 남프랑스 > 모로코 > 이태리 > 바티칸 > 산마리노 > 중부프랑스 > 스위스 > 독일 > 오스트리아 > 체코 > 북부독일 > 네델란드 > 룩셈부르크 > 벨기에 > 프랑스 파리이다.

# Contents

세계 위인의
생가를 찾아서

# 웨스트민스터 사원

## Westminster Abbey

■ 영국 국회의사당

■ 여러 시인들의 흉상

웨스트민스터 사원의 Poets' Corner

■ 엘리엇의 황무지

2014. 5. 21.

# 웨스트민스터 사원

## Westminster Abbey

유럽여행에서 맨 먼저 찾아간 곳은 웨스트민스터 사원Westminster Abbey이었다. 그곳에는 포에트 코너Poets Corner가 있다. 초서Geoffrey Chaucer와 스펜서Spenser부터 현대에 이르기까지 영국의 유명한 시인들의 무덤이나 비석이 거기에 있다. 특히 그곳에는 엘리엇T. S. Eliot의 묘지 비명이 있다.

토머스 스턴스 엘리엇Thomas Stearns Eliot(1888년 9월 26일 ~ 1965년 1월 4일)은 미국에서 태어나 영국에 귀화한 시인, 극작가 그리고 문학 비평가이다.

■ 웨스트민스트 사원 전경

■ 웨스트민스트 사원

독일의 라이너 마리아 릴케, 프랑스의 상징주의 시인 뽈 발레리와 더불어 20세기 최고의 시인 반열에 든다. 아마 시인치고 엘리엇을 모르는 사람은 없을 것이다. 그를 간단히 소개하면 다음과 같다.

엘리엇은 1888년 9월 26일 미국 미주리 주 세인트루이스의 중산층 가정에서 출생하였다. 그의 어머니 샬럿 챔프 스턴즈Charlotte Champe Stearns(1843~1929)는 시인이자 사회운동가였다.

그는 하버드 대학교에서 철학을 공부했고, 그 후 프랑스로 건너갔으며, 파리 대학교, 마르부르크 대학교, 옥스퍼드 대학교 등 유럽과 미국을 오가며 철학을 계속 공부했다. 이런 이유로 그의 시가 철학적으로 된 것 같다.

1915년 22세에 쓴 시《알프레드 프루프록의 연가The Love Song of J. Alfred Prufrock》를 발표했다. 이 시는 현대시의 출발점으로 거론되고 있다.

1922년에 그의 너무나도 유명한 시, 황무지The Waste Land가 발표되었다. 이 시는 1921년 초고를 썼고, 그의 스승인 에즈라 파운드의 조언에 따라 에피그라프를 변경하거나 에피소드를 제거한 후 2/3로 줄여서 발표했다고 한다.

황무지와 같이 걸작이며 종교적인 주제가 강한 시,《사중주Four Quartets》가 1943년에 발표되었다. 이 장시는 1935년에서 1942년까지 《버언트 노오튼Burnt Norton》, 《이스트 코커어East Coker》, 《드라이 썰베지스The Dry Salvages》, 《리뜰끼딩Little Gidding》을 하나로 모아 발표했다.

이 이외도 평론가로서, 희곡작가로 많은 작품을 남겼다.

그는 1948년 노벨 문학상을 받았다.

엘리엇의 유골은 이스트 코커어 성 미카엘 교회St. Michael's Church in East Coker의 가족 묘소에 있다는데, 그의 시 〈이스트 콕〉에서 인용한

> In my beginning is my end. In my end is my beginning.
> 나의 시작에 나의 끝이 있고, 나의 끝에 나의 시작이 있다

불경 같은 시구를 묘비에 써놓았다고 한다.

이스트 코커어는 영국의 서남쪽에 있는 인구가 1,667명에 불과한 작은 도시이다. 웬만한 지도에는 나타나지도 않는다. 예오빌Yeovil에서 남쪽으로 2마일 정도 떨어져 있다.

이재호 교수가 1963년 5월 30일에 이스트 코커어를 방문하고 실망한 글

을 읽은 기억이 났다. Clare School의 한 국어선생에게 다음과 같은 이야기를 들었다고.

미국교수들은 카메라를 들고 와서 사진을 찍고, 과거를 조사해 가서 책을 쓰는데, 이건 다 미친 짓이라고 코웃음 쳤다.(나도 카메라를 하나 갖고 있었다). 그리고, 우리 영국인은 현실적이어서 동양 사람들처럼 시에 미쳐 자기가 흠모하는 시인의 고향을 찾아다니지 않는다. 채플로 들어가니 비바람에 침식되어 글자도 잘 보이지 않는 비석들이 비스듬히 서 있었다("판독할 수 없는 낡은 묘비들old stones that cannot be deciphered). 1965년 1월 4일 엘리엇이 죽어 화장되어 묻힌 장소가 바로 이곳이다.

매우 시니컬CYNICAL한 이야기다. 이재호 교수가 이 이야기를 듣고 표정이 어쨌는지 상상할 수 있을 것 같다.

■ 약용식물Medicinal Plant by J.J.Plenck

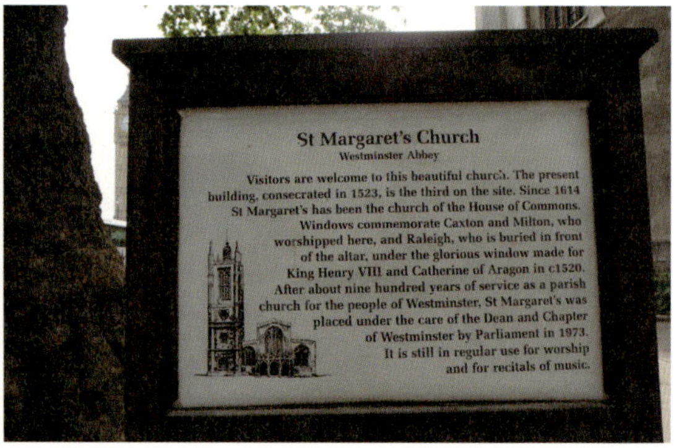


■ St Margaet's Church 설명문

-서양에도 이런 한약용 약용식물 사진이 있다

웨스트민스터 대성당WESTMINSTER CATHEDRAL과 웨스트민스터 사원WESTMINSTER ABBEY은 바로 이웃이다. 목적지는 웨스트민스터 사원이므로, 그곳에 가서 9

시 반까지 기다린 후 시니어라 15파운드의 요금을 지불하고 입장했다. 한글로 녹음된 오디오와 팸플릿을 주어서 받아들고 안으로 들어갔다. 한글을 본 순간 국력을 느꼈다. 미국의 어느 박물관, 미술관, 유명한 명소에서도 없던 일이었다. 하긴 그때가 오륙년 전이지만.

묘지는 우리나라의 국립묘지 같은 줄 알았는데 그게 아니고 성당 건물 안에 있었다.

웨스트민스터 사원은 헨리 3세가 지었다는 데 어마어마했다. 높게 솟은 아치형 탑은 신을 상징하고 구조는 공중에서 보면 십자가 형태로 지어졌다고 한다.

주로 영국왕의 대관식과 왕족의 결혼식장이기도하고 왕들의 묘와 역사상 커다란 족적을 남긴 위인들의 무덤이나 비석이 그 안에 있었다.

많은 왕과 여왕의 묘는 중앙에, 북쪽 트랜셉트Transept(袖廊)에는 정치가들, 무명용사들의 묘는 서쪽 문 근처에 있었다. 과학의 발달에 커다란 족적을 남긴, 뉴턴과 다윈의 무덤은 왕들 묘지 가까이, 나란히 있어 확인했다.

■ 왼편이 뉴턴 오른쪽이 다윈 묘

현장에 있는 사제들에게 Poets' Corner를 물었더니 저쪽이라고 해서 먼저 가서 보았다.

사진을 찍는 사람이 없어 의아했는데 여기는 신성한 곳이라 탈모에다 촬영금지이었다. 무식한 놈이 용감하다고 Poets' Corner에 가서 사진 몇 컷을 찍었다.

시인들 중에는 여기에 묻히기도 하고 기념비만 있는 시인도 있다.

그곳에서 그 유명한 엘리엇의 다른 묘비명을 발견했다.

'The communication of the dead is tongued with fire beyond the language of the living"- Epitaph on the memorial to T.S. Eliot.

죽은 자가 살았을 때 말이 없어 하지 못한 말을

죽어서는 말해줄 수 있나니

죽은 자의 발언은 산 자의 언어 넘어 불의 혀로 나타나나니

■ 중앙에 엘리엇의 묘비명

그의 시론 한 구절을 여기에 소개한다.

For it is neither emotion, nor recollection, nor, without distortion of meaning, tranquillity. It is a concentration, and a new thing resulting from the concentration, of a very great number of experiences which to the practical and active person would not seem to be experiences at all; it is concentration which does not happen consciously or of deliberation.

T.s. Eliot.『Selected Prose』Penguin Books 879.pp29-30

시는 정서도 아니요, 회상도 아니요, 어의 그대로의 평정도 아니다. 시는 실제적이고 활동적인 사람이 보면 조금도 경험으로 생각되지 않는 무수한 경험의 집중이며, 그 집중으로 인하여 생겨난 어떤 새로운 것이다.

『엘리엇 선집』세계문학전집 14. 이창배 역 을유문화사 1959년 p378

There remains to define this process of depersonalization and its relation to the sense of tradition. It is in this depersonalization that art may be said to approach the condition of science I therefore invite you to consider, as a suggestive analogy, the action which takes place when a bit of finely filiated platinum is introduced into a chamber containing oxygen and sulphur dioxide. (위책 p.26)

이제 남은 일은 이 개성 몰각화의 과정과 전통의식에 대한 관계를 밝히는 것이다. 예술이 과학의 상태에 접근한다고 말할 수 있는 것은 이 몰개성화의 경우에 있어서 이다. 그러므로 나는 독자에게 한 암시적인 유추로서, 한 줄의 가늘게 묶인 백금선이 산소와 이산화 황산을 담은 용기에 들어갈 때 일어나는 작용을 고찰해보도록 권유하는 바이다.(위책 p.375)

■ 셰익스피어의 동상

■ 초서의 무덤

셰익스피어의 비석도 그곳에 있었다. 이 귀한 사진도 찍었다. 낭만주의 시인 등 많은 시인들이 잠들어 있었다. 우리나라 같으면 별로 알아주지도 않는 시인들을 사후에 이렇게 대우해주는 영국은 위대한 나라이다.

영국에 가니까 더블린에 가고 싶었다. 그곳에는 엘리엇과 비견되는 시인 예이츠William Butler Yeats가 있고, 현대 최고의 소설가로 정평이 난 제임스 조이스James Augustine Aloysius joyce가 있고, 『고도를 기다리며』라는 희곡으로 유명한 사무엘 베게트Samuel Barclay Beckett가 있다. 그런데 그곳은 섬이고, 너무나 멀다. 비행기를 타야할 텐데 시간이 없다. 아쉬움을 갖고 포기했다.

# 스트랫퍼드-어폰-에이번 탐방

## STRATFORD-UPON-AVON

■ 광대의 춤

■ 시내에 있는 광대 동상

O Noble Fool! A Worthy Fool! (As you like it)
The Jester(광대)
By James Butler R.A.
Unveiled by the Lord Lieutenant of Warwickshire
The RT. Hon. The viscount Daventry on 22nd July 1994
A gift from anthony P. Bird C.B.C
to Stratford upon avon as a token of his esteem for the town in which he was born. Lives and works and which has given him so much friendship, good fortune and Pleasure

1994년 7월 22일에 세운 영국의 조각가 제임스 버틀러의 작품 〈광대〉 이었다.

2014. 5. 22.

# 스트랫퍼드 -어폰-에이번 탐방

STRATFORD-UPON-AVON

셰익스피어의 탄생지인 스트랫퍼드-어폰-에이번은 개인적으로 가기는 어렵고 투어에 참가하기로 했다. 투어의 이름은 "워릭 성, 스트랫퍼드-어폰-에이번, 옥스퍼드 대학WARWICK, STRATFORD-UPON -AVON, OXFORD AND from LONDON 일일 투어" 이었다.

런던 시내를 빠져나가자 평원이었다. 밀 보리밭과 목장의 구릉이 이어졌다. 산다운 산은 보이지 않았다. 영국이 이런 나라구나 하는 생각이 들었다. 보슬비가 내리고 있었다.

워릭캐슬을 거쳐 오느라고 스트랫퍼드-어폰-에이번에 도착한 것은 12시가 지나서이었다.

거리에는 온통 기념품 상이었다. 몇 백 년 된 집들도 보였다.

■ 관광객이 넘치는 스트랫퍼드-어폰-에이번 거리

인류역사상 최고의 문인으로 추앙받는 셰익스피어는 1564년에 영국의 조그마한 도시인 이곳 스트랫퍼드-어폰-에이번STRATFORD-UPON-AVON에서 출생하였다.

관광버스가 시내 중심가에서 우리를 내려놓았다. 시내는 2층 이상의 건물은 별로 없었고 달리는 차도 드물었다. 상점 주인만 빼고는 전부가 관광객들이었다. 셰익스피어 센터 앞에는 요상한 동상이 하나 서있었다. 아래와 같은 문구가 눈길을 끌었다.

Noble Fool! A Worthy Fool! (고상한 바보! 존경할만한 바보!)

(As you like it)

The Jester(광대)

By James Butler R.A.

(글과 사진 P.15에)

햄릿의 동상이 아닌 광대의 동상을 세워놓다니 많은 것을 생각하게 했다. 희곡에 있어서 광대는 무엇인가?

셰익스피어의 작품에서 광대는 가장 중요한 인물이다. 희곡에는 그것이 비극이든 희극이든 광대가 많이 등장한다. 비극에서도 웃기고 희극에서도 웃긴다. 때로는 광대는 권력자나 귀족에게 지혜를 가르치고 잘못된 행동을 비난하고 조롱하기도 한다.

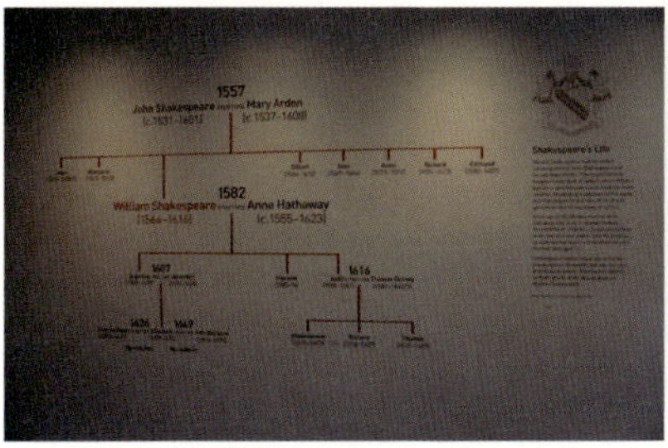


■ 셰익스피어의 가계도

■ 셰익스피어 시대의 스트랫퍼드-어폰-에이번 지도

시인의 아버지 존 셰익스피어는 읍장을 지낸 유지로 당시의 사회적 신분으로서는 중산계급에 속했다.

시인은 주로 성서와 고전을 통해 읽기와 쓰기를 배웠고, 라틴어 격언도 암송하곤 했다. 11세에 입학한 문법학교에서 문법, 논리학, 수사학, 문학 등을 배웠다. 1577년경부터 가운이 기울어져 학업을 중단했다. 그는 대학을 졸업하지 못해 연극계서 조차 무시를 당했다.

셰익스피어는 18세의 나이에 26세의 앤 해서웨이와 결혼했다. 이 결혼은 좀 수상쩍은 구석이 있다. 그러나 그의 결혼에 대한 기록도 전설도 전무하다. 다만 조이스는 상상력을 발휘해서 그의 대작『율리시스』에서 셰익스피어가 앤에게 정복당했다(U. p.189) 라고 쓰고 있다.

그는 1590년경에 런던에 도착해 이때부터 배우, 극작가, 극장 주주로 활동했다는 기록이 남아 있을 뿐이다.

■ 스트랫퍼드 -어폰-에이번에 있는 생가

■ 기념관 순례 광고

셰익스피어 한 사람으로 인하여 관광도시가 된 이곳은 관광객으로 넘쳤다. 한 사람의 문인으로 인하여 이렇게 유명해진 도시가 지구상에 과연 있을까?

셰익스피어 탄생지Shakespeare Birthplace를 잠시 구경하고 선전 책자를 3유로에 사고 점심 식사 겸 자유 시간을 가졌다. 점심은 중국음식점에 가서 먹었는데 너무 짜서 반 밖에 먹지 못했다.

식사 후 참았던 하늘에서 비가 내려서 사진기를 옷 안에 숨겼다. 비가 오는데도 거리를 거닐며 구경을 했다. 영국은 비가 많은 곳이라더니 실감나는 일이었다. 우리 팀들도 끼리끼리 구경을 했다. 나는 소라(아내)와 같이 거리를 거닐며 시인이 다닌 교회도 보고, 문법 학교도 구경했다. 사진을 여러 장 찍고 기념관으로 돌아갔다.

셰익스피어의 가장 유명한 말인 "To be or not to be, this is a question.죽느냐 사느냐? 이것이 문제로다." 이 말이 기억났다.

기념관 안에 들어가자 맨 먼저 눈에 띈 것은 셰익스피어의 흉상, 캐릭터와 약력, 옥스퍼드 판 두꺼운 전집이었다. 년대별 43편의 작품목록(셰익스피어의 책 목록 43권과 Faut Vincze1907-1994가 만든 Bronze medallions) 80개 이상의 언어로 번역된 작품들 소개, 필체, 셰익스피어 시대의 스트랫퍼드-어폰-에이번의 지도가 전시되었다. 바로 옆에는 유물들이 있었다. 증서뭉치, 셰익스피어가 글자를 배울 때 사용한 듯 한 글씨 판, 기도서, 1600년경 'WS'이니시얼을 새긴 막도장, 금반지 등이 눈길을 끌었다. 이어서 찻잔, 탄생 300주년 기념식 책을 진열해 놓았다. 셰익스피어의 가계도도 있었다.

엘리자베스 여왕은 생전에 셰익스피어에 대한 유명한 말을 남겼는데 "국가를 모두 넘겨주는 한에도 셰익스피어 한명만은 못 넘긴다."

비평가 칼라일Thomas Carlyle(1795-1881)*은 "셰익스피어는 영국 식민지 인도와도 바꿀 수 없다"고 말할 정도이었다.

* 영국의 평론가

벤 존슨은 셰익스피어William Shakespeare(1564-1616)를 일컬어 "한 시대가 아닌 만세를 위한 작가" 라고 말했다. 1668년 존 드라이든John Dryden은 셰익스피어를 "가장 크고 포괄적인 영혼"이라고 극찬한다.

그에 대한 평가는 생전에 이미 최대의 찬사를 받았고, 죽은 후에도 계속 숭상의 대상이 되어 거의 신격화되었다.

세익스피어는 1616년 4월 26일에 세상을 떠났다.

책에 관한 동으로 만든 매달들Faut Vincze[1907-1994]

■ 세익스피어의 책 목록 43권과 Faut Vincze[1907–1994]가 만든 Bronze medallions

Plays and when they were first written or performed

1589-91 The Two Gentlemen of Verona
1590-1 The Taming of the Shrew
1590-1 The First Part of the Contention of the Two Famous Houses of York and Lancaster
1591 The True Tragedy of Richard Duke of York and the Good King Henry the Sixth
1592 The First Part of Henry the Sixth
1592 The Most Lamentable Tragedy of Titus Andronicus
1592-3 The Tragdy of King Richard the Third
1592-3 Venus and Adonis
1593-4 The Rape of Lucrece
1594 The Comedy of Errors
1594-5 Love's Labour's Lost
1595-6 Love's Labour's Won[Now lost]
1594 The Tragedy of King Richard the Second
1595 The Most Excellent and Lamentable Tragedy of Romeo and

Juliet

1595 Midsummer Night's Dream

1596 The Life and Death of King John

1596-7 The Comical Histoy of the Merchant of Venice, or Otherwise Called the Jew of Venice

1596-7 The History of Henry the Fourth

1597-8 The Merry Wives of Windor

1597-8 The Second Part of Henry Fourth

1598-9 Much Ado About Nothing

1598-9 The Life of Henry the Fifth

1599 The Tragedy of Julius Caesar

1599-1600 As You Like It

1600-1 The Tragedy of Hamlet, Prince of Denmark

1601 Twelfth Night, or What You Will

1602 Troilus and Cressida

1593-1609 Sonnets[Published 1609]

1603-4 Measure for Measure

1603-4 The Tragedy of Othello, the Moor of Venice

1605-6 The History of King Lear[Quarto Text]

1606 The Life of Timon of Athens

1606 The Tragedy of Macbeth

1606 The Tragedy of Antony and Cleopatra

1606-7 All's Well that Ends Well

1607 Pericles, Prince of Tyre [Reconstructed Text]

1608 The Tragedy of Coriolanus

1609-10 The Winter's Tale

1610 The Tragedy of King Lear[Folio Text]

1610-11 Cymbeline, King of Britain

1610-11 The Tempest

1613 All is True

1613 The Two Noble Kinsmen

■ 톡특하게 만든 흉상

■ 기념관에 있는 셰익스피어의 캐릭터

■ 셰익스피어 필체

■ 셰익스피어 유품; 조끼, 찻잔, 훈장, 책 등

■ 셰익스피어가 세례를 받은 교회와 학교(교회 뒷쪽)

셰익스피어는 죽은 후 성 트리니티 교회Holy Trinity Church에 묻혔다. 그의 묘비명은

Good frend for lesvs sake forbeare,
To digg the dvst encloased heare.
Bleste be  man  spares thes stones,
And cvrst be he  moves my bones.
(Modern spelling: Good friend, for Jesus' sake forbear, | To dig the dust

enclosed here. | Blessed be the man that spares these stones, | And cursed be he that moves my bones.)

벗들이여 제발 부탁컨대
여기 묻힌 것을 파지 말아다오.
이것을 그대로 두는 자는 축복받고
내 뼈를 옮기는 자는 저주받을 지어다.

Sometime before 1623, a funerary monument was erected in his memory on the north wall, with a half-effigy of him in the act of writing. Its plaque compares him to Nestor, Socrates, and Virgil.

1623년 이전의 묘비의 흉상 아래에 다음과 같은 문구가 새겨져 있다. 셰익스피어를 네스터, 소크라테스, 버질과 비교하고 있다.

## Shakespeare's writing

Shakespeare's London was dangerous, manic and bursting with creativity. The world of the theatre reflected this. Being an actor himself. Shakespeare knew how to please the audiences of his day. He understood the actors he wrote for: what the boys playing the women could do with the poetry and the jokes, and how his friends could play the leading roles he created

Shakespeare was fortunate to have the wealthy Henry Wriothesley, the 3rd Earl of Southampton, as his patron. His poems Venus & Adonis[1593] and The Rape of Lucrece[1594] are dedicated to him. As his reputation and fame grew he was able to become an actor-manager with a share in the Globe theatre, built in 1599. Shakespeare was invited to perform at court for Elizabeth Ⅰ and he and his colleagues took part in the procession for King James Ⅰ's coronationin 1603

From his humble Originss in STRATFORD-UPON-AVON, William Shakespeare went on to write 37plays, 154 sonnets and 5 titled poems- leaving us legacy of a million words of text.

Bronze medallions
Faut Vincze[1907-1994]

셰익스피어 저술

셰익스피어에게 런던은 창조성에 있어서 위험하고 조병적이고 파열적이었다. 연극의 세계는 이 점을 반영했다. 그 자신이 배우인 셰익스피어는 그 시대의 청중에게 즐거움을 주기위해서는 어떻게 하는가를 알았다. 그는 배우들을 위해서 어떻게 쓸 것을 알았다. 여배우들과 연기를 할 남자 배우들이 시와 만담에 무엇을 할 수있을가? 그리고 그의 친구들이 그가 창조할 주연의 역을 어떻게 할 수 있을까를 알았다.

다행이 셰익스피어는 후원인으로 부유한 사우샘프턴의 헨리 리오디스리 3세 백작이 있었다.그의 시『비너스와 아도니스(Aphrodite에게 사랑받은 미남)』(1593)과『루크레스의 겁탈』(1594)이 그에게 헌정되었다. 그의 명성과 유명새가 커짐에 따라  그는 1599년에 지은 글로브 극장의 주식을 가지고 배우겸 매니저가 될 수 있었다. 셰익스피어는 에리자베스 I세로부터 궁전에서 공연을 초대받아서 그와 그의 동료들이 1603년 제임스  I세 대관식을 위한 즉위식에 참가했다.

스트릿퍼드-어폰-에이븐의 초라한 시골에서 태어난 윌리암 셰익스피어는 37편의 희곡, 154편의 소네트, 5개의 제목이 있는 시를 써서 우리에게 수백만의 어휘의 교범을 유산으로 물려주었다.

셰익스피어에 대한 보충 자료는 부록에 있다. 참고 바란다.

# 뉴턴과 다윈

Isaac Newton(1642-1727)
Charles Robert Darwin(1809-1882)

■ 뉴턴

■ 뉴턴(왼쪽) 다윈(오른쪽)의 묘

■ 다윈

■ 호킹, 뉴턴과 다윈 사이에 묻히다

2014. 0. 00.

# 뉴턴과 다윈

**Isaac Newton(1642-1727), Charles Robert Darwin(1809-1882)**

웨스트민스터 사원Westminster Abbey에 갔을 때, 과학의 발달에 커다란 족적을 남긴, 뉴턴과 다윈의 무덤은 왕들 묘지 가까이, 나란히 있어 확인했다.

■ 뉴턴의 생가

뉴턴이 누구인가「빛의 스펙트럼」「만유인력」「미적분」등 3대 발견으로 근대과학의 시조로 일컬어지는 인물이다. 다윈은 누구인가 동물학자로『종의 기원』을 발표함으로 그리스도교의 창조설과 대립되는 엄청난 논쟁의 발단이 된 이론을 제시한 인물이다.

이들 두 과학계 위인의 묘들은 왕들의 묘지 못지 않게 훌륭했다. 이 두 사람은 왕 이상으로 대접하는 것 같았다. 뉴턴은 아이슈타인과 더불어 과학에 가장 영향을 미친 위인으로 평가된다.

그가 태어난 곳은 잉글랜드 중동부 링컨셔 주 그랜섬의 울즈소프 영지

Woolsthorpe Manor이다.

울즈소프 영지는 근대과학의 성지이다. 그의 생가는 그 시대의 집으로 복원되었으나 그가 사용한 물건들은 거의 복제품 이다. 만유인력의 동기가 된 사과나무도 새로 심은 나무이다.

그의 탄생과 어린 시절은 유복하다고 할 수가 없다. 그는 1642년 크리스마스 날 유복자로 태어났다. 생모는 남편이 죽은 충격으로 조산하여 아이는 몸집이 매우 작았다고 한다. 뉴턴이 3살이었을 때, 그의 어머니가 이웃에 있는 목사와 재혼하면서 그는 외가에 맡겨져 할머니의 손에 자랐다.

대학에 들어가기 전 생모는 농사일이나 시키려했으나 큰 아버지가 뉴턴의 비범한 재능을 알아보고 집요한 설득 끝에 뉴턴을 케임브리지 대학교 트리니티 칼리지에 입학시켰다. 하마터면 위대한 천재가 흙속에 파묻힐 번했다.

그 때까지만 해도 뉴턴은 유클리드의 기하학 원본을 이해하지 못할 정도의 평범한 학생이었다.

그런데 1665년 영국에서 흑사병이 대대적으로 유행하게 되어, 대학이 휴교하자 뉴턴은 고향에 내려가 있었다. 그의 위대한 업적의 대부분은 이 시기 1665~1666에 싹튼 것이다. 한적한 시골 생활은 그가 과학과 철학에 대해 사색에 몰두하는 기회를 주었으며, 이 시기에 수학, 광학, 천문학, 물리학의 위대한 발견들을 해냈다. 그래서 그 스스로도 후에, 그 2년간의 휴학 기간에 대해 "나의 발견에 있어서 전성기를 이루었다"고 평가하였다 고 한다.

1667년 케임브리지 대학교가 문을 열자, 뉴턴은 다시 케임브리지 대학교로 돌아가서 석사 학위를 받았고, 이듬해에는 반사 망원경을 만들었다. 1669년에는 뉴턴의 지도 교수였던 아이작 배로 교수가 그에게 교수직을 물려주었다.

그는 청년 시절에 약혼자가 있었으나 연구에 몰두한 결과 평생을 독신으로 살았다.

그는 다음과 같은 명언을 남겼다.

> "나는 내가 세상에 어떻게 비춰질지 모르지만, 진리의 바닷가에서 놀며, 때때로 보통보다 매끈한 조약돌이나 더 예쁜 조개를 찾고 있는 어린애에 지나지 않는 것 같다."

그의 위대한 지식이 신의 영역에 비하면 하찮은 것이라는 표현인 것 같다. 또한

> "내가 다른 사람보다 더 멀리 앞을 내다볼 수 있다면, 그것은 거인들의 어깨를 딛고 서있기 때문이다."

이제 다윈에 대해서 이야기해보기로 하자

1859년『종의 기원에 대하여On the Origin of Species』를 발표하여 생물 진화의 사실을 제시하고, '자연선택'을 수립하였다.

촬스 다윈1809-1882은 뉴턴과 달리 의사 집안의 꽤 유복한 환경에서 태어났으나 8살에 어머니가 죽고 3명의 누나들의 손에 자랐다. 아버지는 의사였으나 박물학자 이래즈머스 다윈Erasmus Darwin 1731- 1802의 손자이다.

다윈은 어린 시절부터 할아버지의 책을 읽고 생물에 대한 호기심을 갖고, 8세 때 이미 식물, 조개, 광물 수집에 심취했다.

그는 수줍음을 많이 타고 마음이 여려 노예재도를 반대하고 수술에 공포를 느껴 의사가 되는 것을 포기했다. 그 당시는 마취가 없었다고 한다. 부친은 다윈을 처음은 의사로, 다음은 성직자로 만들고 싶었으나 뜻대로 되지 않았다.

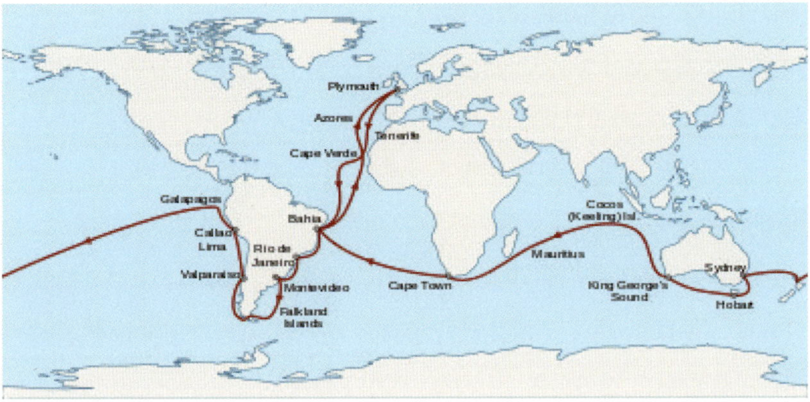


■ 비흐클 호의 여행경로

케임브리지 대학시절 운명의 여신은 식물학 교수인 존 스티븐스 헨슬로 교수를 만나게 했다.

다윈의 생애에서 결정적인 계기가 된 것은 비글호 황해이다. 부친의 바대를 무릅쓰고 그는 헨슬로 교수의 추천으로 승선하게 되었는데 5년 동안 세계일주 탐험을 했다.

그가 탐험한 경로는 다음과 같다.

영국 플리머스 항에서 출항 → 브라질 사우바도르 항 → 리우데자네이루 → 우루과이 몬테비데오 → 포클랜드 섬 → 남아메리카 남단을 돌아서 → 칠레 발파라이소 → 에콰도르 갈라파고스 제도 → 태평양 횡단 → 뉴질랜드 → 오스트레일리아 시드니 → 아프리카 남단을 돌아서 → 대서양의 어센션 섬 → 다시 브라질 살바도르 항구 → 영국 플리머스 항 도착

탐험에서 수집한 많은 자료들을 정리하면서, 결과 보고서 작성에 노력. 1837년 다윈은 이른바『적색 메모장Red Notebook』에 최초로 종의 변화에 관한 착상을 기록하였다.

뉴턴과 달리 다윈은 외사촌인 엠머 웨지우드와 결혼하였으며 부인은 다윈의 연구에 조수로서 많은 도움을 주었다. 아들을 7명 낳았는데, 과학자 2명 경제학자 1명의 학자집안의 일가를 이루었다.

다윈은 그의 관찰로부터 성서의 창조 설명은 명백한 거짓이라는 신념을 얻게 되었단다.

그의 명저인『종의 기원』은 2종류의 적을 만들었는데 하나는 구식풍의 과학자들이고 다른 하나는 전통적인 종교적 신앙의 지지자들이었다. 세월이 지나면서 다윈의 진화론에 동조하는 제자와 학자들도 꾸준히 늘어났다.

1882년에 자택에서 사망하여 창조설을 부인하였고 본인도 가족묘지에 묻히기를 원했지만 국민들의 요청으로 웨스트민스터 사원 뉴턴의 옆자리에 묻히게 되었다.

영국 일간지 더 타임스는 2009년 2월 18일 자 기사에서 진화론을 창시한 다윈의 뛰어난 창의력은 자폐증의 영향일 것으로 생각된다는 보도를 하였다. 더 타임스는 "다윈은 아마도 자폐증의 한 종류인 아스퍼거 증후군을 앓았던 것 같다. 다윈의 독창성은 이 자폐증 증상과 관련이 있을 수 있다."는 아일랜드 트리니티 대학교의 마이클 피츠제럴드 정신의학 교수의 견해를 인용하였다. 피츠제럴드 교수는 " 아스퍼거스 증후군의 증상으로 다윈은 놀라운 집중력, 보통 사람 이상의 집요함, 다른 사람이 못 보는 미세한 부분을 보는 엄청난 능력, 한 과제에 평생을 매달리는 끝없는 열정, 독창적 연구를 하는 독립적인 정신 등을 보유했다."고 설명했다.

영국에서 태어난 20세기 세계최고의 우주 물리학자인 스티븐 호킹Stephen Hawking(1941-2018)* 박사는 1918년 3월 14일 사망하여 뉴톤과 다윈 사이에 묻혔다.

*루게릭병으로 장애인이 됨. 1985 기관지 절개수술. 유일하게 움직이는 손가락으로 컴퓨터를 이용 연구, 글쓰기, 강의 등을 함.

# 쇼팽의 기념 상

■ 사막의 꽃

■ 쇼팽의 악보

2014. 5. 30

# 쇼팽의 기념 상

몸의 컨디션이 회복된듯하다. 단잠을 잤기 때문인지도 모른다.

어제 구경하지 못한 빅토르 위고의 집Maison de Victor Hugo을 찾아 가고, 몽소 공원Parc de Monceau에 있는 쇼팽과 상드의 기념상, 상드리제 거리와 독립문을 관광하기로 했다.

> 쇼팽Chopin, Frederic Francois(1810-1849)은 폴란드의 작곡가 피아니스트이다. 바르샤바 근교 태생으로 어릴 때 고향에서 피아노와 작곡법을 배우고 1831년 파리에서 가진 데뷔 리사이틀 이후 점차 이름이 알려지게 되었으나, 병약하여 연주 활동은 적고, 대개 살롱에서 사적인 연주를 하였다. 작품의 대부분이 피아노곡으로 유명한 Bbekswhdml(Bb단조) 소나타를 비롯하여 24개의 전주곡, 2집의 연습곡, 4곡씩의 발라드와 스케르초, 19곡의 야상곡, 15곡의 왈츠, 영웅을 포함한 11곡의 폴로네즈, 55곡에 이르는 마주르카, 즉흥곡, 자장가, 뱃노래 외에 2곡의 피아노 협주곡 등이 있다.
>
> 출처-인터넷

우리가 유숙한 라데팡스 지역의 풀만 호텔Pullman Hotel은 식당에 가보니 아침식사를 하는 관광객으로 초만원이었다. 여행객이 많다는 것은 평이 좋다는 이야기다. 우리가 좋아하는 버섯요리와 잣, 호도도 있었다. 바나나도 있었다. 빵 종류도 여럿이었다. 커피는 룸 안에서 마시던 것과는 달리 맛이 없었다. 아마 우유를 안타서 그런가보다.

아침 식사를 하고 로비에 가서 우리가 갈 곳을 어떻게 가야하는지 물었다. 전철역을 표시해주면서 그대로 가면된단다. 이제 어느 정도 전철도 눈에 익었다. 파리의 신도시 라데팡스는  서울로 이야기하면 강남 같은 곳이 아닐까 하는 생각이들었다. 아직 초기단계이지만, 엄청난 건물이 들어섰다. 파리 시내는 건축법상 개발이 어려우니까, 신도시를 건설한 것 같다. 이 지역 근처에 강이 있다. 그 강이 세느강이다.

음악을 좋아하는 소라가 몽소 공원에 먼저 가고 싶어 했다. 그곳에는 쇼팽의 동상이 있다는 소문이다. 호텔에서 가까운 거리에 있기도 했다. 드골 역에서 내려 불루 라인으로 가라타고 몽소Monceau역에서 내렸다. 몽소 공원에 가서 성급하게 보이는 동상마다 뛰어가서 쇼팽의 기념상을 찾았으나 허탕을 쳤다. 처음 동상은 프랑스의 유명한 낭만파 시인 인 알프레드 드 뮈세Alfred de Musset의 기념상이었다. 조각에서는 상드George Sand, 1804~1876가 그를 내려다 보고 있었다.

독일에 루 살로메가 있다면 프랑스에는 조르주 상드가 있다. 그녀들은 예술가들에게 영감을 준 여인들이었다. 상드는 6살 연하인 시인 뮈세, 음악가 쇼팽과의 모성애적인 연애를 했는데, 그 사건은 당시 상당한 스캔들을 일으켰다.

상드는 자유분방한 소설가로 일생을 통해 우정과 사랑을 나눈 사람들이 2,000명이 넘는다고 한다. 그녀는 신비와 전설의 여인이었으며 정열의 화신이었고 '사랑의 여신'이었다.

결국 청소부와 친절한 어느 할머니의 도움으로 어린이 공원 가까이에 있는 쇼팽의 기념상을 찾았다. 누가 봐도 쇼팽의 상임을 알 수 있었다. 천사가 내려다보는 데 쇼팽은 피아노를 치고 있었고 그의 발치에는 조르주 상드가 감상에 젖은 듯 쇼팽을 바라보고 있는 기념상이었다. 그들의 행복했던 시기를 말해주는 듯 아름다웠다.

■ 몽소 공원에 있는 쇼팽의 기념 상 옆의 소라

쇼팽은 예술의 도시 파리의 페르 라셰즈 공동묘지에 묻혔고 그의 심장은 폴란드에 보내졌다고 한다.

유럽은 우리와 달리 시내나 공원에 위인이나 예술가의 동상이 많다.

쇼팽 기념상 옆에서 사진을 찍고 다음 행선지로 향했다.

쇼팽의 음악을 이해하려면 귀족적이라고 할 만한 폴로레이즈Polonaise의 리듬과 농민적이고 대중적인 마주르카Mazurka 등의 리듬과 선율이 그의 음악적인 영감의 근원임을 알아야한다. 그의 작품은 대개가 즉흥적인 성격을 지니고 있으며 꾸밈 음과 템포 루바토Tempo Rubato, 독특한 장식으로 전개되는 피규레이션Figuration 등을 특색으로 하여 시적으로 표현된다.

-최신명곡해설집에서. 세광음악출판사 1987년 192페이지

# 빅토르 위고 뮤지움

Victor-Marie Hugo

■ 몽소 공원에 있는 위고의 동상

■ 주소가 6, place des Vosges. 75004 Paris의 위고의 집

■ 기념관 입구 조각

2014. 5. 30.

# 빅토르 위고 뮤지움

Victor-Marie Hugo

이틀 전에 파리 시내투어를 할 때, 안내인이 빅토르 위고 기념관을 언급했다. 그래서 어제 빅토르 위고 기념관을 찾아갔으나 월요일이라 문이 닫혀있었다. 피카소 미술관도 닫혀있었다.

다만 쇼팽의 동상을 보러가면서 몽소 공원에서 위고의 동상을 보았다. 그 동상은 노년의 동상 같았다. 그의 평생의 연인 쥘리에트 드루에Juliette Drouet는 위고의 발아래 서있었다.

■ 몽소 공원에 있는 빅토르 위고의 상

■ 노년의 위고

오늘의 마지막 행선지인 빅토르 위고의 집을 찾기로 했다. 우선 새인트 폴 역에서 내려 보주 광장Place des Vosges을 찾는 것이 급선무이다. 그곳에서는 내가 성질이 급해져서 어제 간 피카소 박물관 쪽으로 갔다. 소라가 그곳이 아니라고 해서 다시 물어서 보주 광장에 갔다. 보주광장에는 루이13세의 기마 동상이 있고 분수와 잔디밭에는 시민들이 쉬고 있었다. 프랑스는 대 혁명이 일어난 국가인데 공원에 왕들의 동상이 버젓이 있는 것이 이해가 되지 않았다.

광장 주위로는 잎이 무성한 나무가 시원스러웠다. 위고의 집이 오늘 열리는지 확인하고 점심을 먹은 후에 구경하기로 했다. 개관을 하고 있고 문은 18시에 닫는단다.

바로 근처에서 점심을 시켜먹었다. 소라는 달팽이 요리를 시키고 나는 쇠고기를 시켰는데 둘 다 음식을 잘 못 주문해서 맛이 별루였다. 다행히도 감자튀김과 빵을 주어 허기진 배를 채우고 맥주도 한 컵 사서 마셨는데, 서비스인 줄 안 맥주 값이 5유로이었다.

주소가 6, place des Vosges. 75004 Paris인 위고의 집은 그가 30세부터 16년 간 산 집이라고 한다. 그곳에서 그의 너무나 유명한 소설『레 미제라블』을 썼다.

■ 젊은 시절의 위고

■ 위고의 필체

■ 위고의 연인 줄리에트 드루에

빅토르 위고의 집 입장료는 무료이었다. 다만 오디오는 5유로씩 받았다. 영어 오디오를 주문해서 들으면서 3층에 있는 7개의 방을 차례로 보았다. 사진 촬영이 허용되어 그의 친필, 그가 50년을 사랑했던 줄리에트 드루에의 사진, 패기 넘치는 젊은 시절의 위고의 동상, 로댕의 작품인 온갖 풍상을 다 겪은 노년의 고뇌에 찬 청동 흉상과 전신 동상, 중국풍의 방과 도자기들, 그의 딸과 아이들 사진, 그가 죽은 침대 등을 사진에 담아왔다. 프랑스가 자랑할 수 있는 문인의 기념관으로는 손색이 없었다.

■ 위고의 흉상과 사진

빅토르 위고는 방대한 저서를 남긴 문호이다. 그는 시인, 소설가, 극작가, 수필가, 시각 예술가Visual Arts이며 음악까지 손을 댔으며 정치가이기도 했다. 그는 수많은 작품을 썼으며 걸작도 많지만 태작도 그에 못지않다.

그는 영국의 웨스트민스터 사원Westminster Abbey과 궤를 같이하는 팡테옹Pantheon에 묻혔다.

■ 위고의 흉상과 사진

■ 위고의 흉상과 사진

그의 작품을 정리하면

시집 《오드와 발라드집(Odes et Ballades, 1826)》,
《동방시집(Les Orientales, 1829)》,
《가을낙엽(Les Feuilles d'automne, 1831)》,
《황혼의 노래(Les Chants du crépuscule, 1835)》,
《마음의 소리(Les Voix intérieures, 1837)》,
《빛과 그늘(Les Rayons et les ombres, 1840)》,
《징벌(Les Châtiments, 1853)》,
《명상시집(Les Contemplations, 1856)》,
《세기의 전설(La Légende des siècles, 1859)》(제1집),
《두려운 해(L'Année terrible, 1872)》,
《세기의 전설》(제2집, 제3집)》,

소설 《아이슬란드의 한(Han d'Islande, 1823)》,
《뷔그자르갈(Bug-Jargal, 1826)》,
《사형수 최후의 날(Le Dernier jour d'un condamné, 1829)》
《노트르담의 꼽추(Notre-Dame de Paris, 1831)》
《레 미제라블(Les Misérables, 1862)》,
《바다의 노동자(Les Travailleurs de la Mer, 1866)》
《93년(Quatrevingt-treize, 1874)》

희곡 《크롬웰(Cromwell, 1827)》
《에르나니(Hernani, 1830)》

《마리용 들로름(Marion Delorme, 1831)》,
《루이 블라스(Ruy Blas, 1838)》
《성주(Les Burgraves, 1843)》

-출처: 위키백과사전

그의 장례는 국장의 예에 준했고 또한 유작도 수없이 간행되었다.

# 세르반테스 뮤지움

Museo del Cervantes

■ 세르반테스 동상

■ 돈키호테와 산초

# 세르반테스 뮤지움

## Museo del Cervantes

스페인에 왔으니 세르반테스 기념관을 가보고 싶은데 어디 있는지 알 수가 없었다. 수많은 관광책자가 있지만 문인의 기념관은 소개되어있지 않다.

세고비아에 관광 갔을 때 중국 음식점에서 스페인에서 활동하는 한국인 가이드인 서동원씨를 만났다.

음식주문에 대한 조언을 구했더니 친절히 가르쳐주었다. 나는 버섯이 들어가는 소고기 요리와 맥주, 튀김과 이이스 크림이 나오는 음식을 시켰고 소라는 생선 튀김을 당랑 시켰다. 콜레스테롤 수치가 높아 육류섭취를 하지 말라는 의사의 처방이 있어 그렇지 않아도 까다로운 소라의 음식 선택이 더 지나쳤다.

■ 에스파냐 광장에 있는 세르반테스 동상

서동원씨에게 스페인이 자랑하는 문호 세르반테스Miguel de Cervantes Saavedra (1547-1616) 기념관이 어디 있는가 물어서 장소를 알아냈다. 세르반테스 기념관은 마드리드에는 없고 그가 탄생한 알칼라 데 에나레스Alcala de Henares 시에 있단다. 다만 마드리드의 에스파나 광장에 세르반테스의 동상이 있다는 것이었다.

나는 점심을 먹고 정해진 시간에 우리 팀과 만나 구경을 했다. 조금 후에 한국인이 안내하는 일단의 스페인 관광객을 만났다. 참 반가웠다. 그 팀에도 한국인 안내인이 있어, 다시 세르반테스 기념관을 물었더니 서동원씨가 말한 것과 동일했다. 서로 좋은 여행을 하라는 덕담을 주고받으며 헤어졌다.

구경을 마치고 에스파나 광장에 가서 세르반테스의 동상을 보았다. 그 동상은 1916년 세르반테스 사후 300주년을 기념하여 세워졌다고 한다. 광장 중앙에는 책을 든 세르반테스의 커다란 기념비가 있고 그 앞에는 애마 로시난테를 탄 돈키호테, 노새를 탄 산초 판사의 동상이 있었다. 세르반테스의 동상을 보면서 스페인 사람들이 그를 정말로 존경하는구나 하는 생각을 갖게 되었다. 에스파나 광장이 어떤 곳인지 잘 몰라도 우리나라로 치면 광화문에 세종대왕 동상을 세운 것과 같은 것이 아닐까? 하고 생각했다. 동상 주위에는 많은 사람들이 쉬고있었다.

이튿날 코르도바로 떠나는 날이다. 7시에 식당에 내려가서 아침식사를 하고 서둘렀다. 코르도바로 가기 전에 알카라 데 에나레스의 세르반테스 뮤지움Museo del Cervantes에 가기로 해서 어제 여행 안내소에서 얻은 주소 'Calle Mayor NR 48 28801 Alcala de Henares'를 내비에 입력하고 떠났다.

세르반테스의 도시는 인구 2십만 정도로 유네스코 세계문화유산으로 지정된 역사적인 곳이다. 스페인에서 처음 주교 교구가 설립된 곳 중 하나이다. 마드리드 지방 내에서 스페인의 수도인 마드리드 다음으로 큰 도시다.

익숙하지 않은 회전교차로를 여러 곳 지나, 한 시간 쯤 달려 목적지에 도착했다. 좁은 도로의 모서리, 허술한 이층집 앞에 세르반테스와 산초 판사의 동상이 있고 세르반테스 박물관 표시가 있었다. 그런데 하필 오늘이 월요일이다. 월요일은 휴관이다.

스페인 최고의 관광 명소 톨레도[Toledo]를 포기하고 찾아 온 곳인데 코르도바로 떠나려니 발길이 떨어지지 않았다.

멕시코의 구아나후아또에서 본 세르반테스 박물관(저자의 세계위인의 기념관을 찾아서1권 북중남미 편 pp126-128) 보다 좋겠지 하고 기대에 찼었는데, 허탕을 쳤다.

또 라운드어바우트가 나타났다. 이번에는 여섯 번 째 출구[6th exit]이었다. 소라가 잘 못 돌아 경찰에게 걸렸다. 남녀 한 조인 두 명의 경찰이었다. 면허증과 여권을 검사했다. 이제 외통수로  걸렸구나! 했는데, 우리가 외국인이고 세르반테스 박물관에 갔는데 월요일이라 클로스 되었다 고 이야기 했더니 여행안내소로 인도해주었다. 여행 안내소 옆에는 광장이 있었다. 그곳에 세르반테스의 작은 동상이 있었다. 10시에 문을 연다고 해서 주위를 구경하는데 종탑위에 학이 집을 짓고 새끼를 키우는 희귀한 광경을 포착했다. 우리는 열심히 사진을 찍었다. 시간이 되어 여행 안내소에 들어갔더니 세르반테스 하우스와 대학을 일러주었다.

▪ 알카라데 헤래나스의 세르반테스 기념관

다시 물어 물어서 찾아간 세르반테스 하우스는 조금 전에 우리가 가서 허탕을 친 바로 그 박물관이었다. 소라와 나는 허탈하게 웃었다. 그리고 1499년에 세운 스페인에서 두 번째로 역사가 깊은 대학에 가서 세르반테스에 대한 자료를 요구했으나 없다고 말했다.

시간은 11시가 지났다. 톨레도에 가고 싶었지만 주소도 없고 우리가 오늘 가야할 코르도바까지는 너무 멀다.

영국인이 인도하고도 안 바꾼다는 셰익스피어, 셰익스피어와도 안 바꾼다는 세르반테스의 알카라 데 헤래나스와 스트랫퍼드 -어폰-에이번은 너무 차이가 났다. 문화의 수준인가?

1616년 4월 23일은 셰익스피어와 세르반테스가 죽은 날이다. 이 두 문호는 태어나기는 다른 해이지만 죽은 날은 같았다.

■ 알카라 데 헤래나스 세르반테스 광장 동상

■ 알카라 데 헤래나스 세르반테스 광장

■ 알카라 데 헤래나스 세르반테스 광장의 돈키호테와 산초

■ 알카라 데 헤래나스 세르반테스 광장 옆에 있는 대학건물

# 파블로 피카소

Pablo Picasso

■ 아비뇽의 처녀들Les Demoiselles d'Avignon

■ 부에나 비스타 드 라 빅토리아 백작 궁이 현 〈피카소 미술관〉

■ 게르니카

2014. 6. 11.

# 파블로 피카소

Pablo Picasso

피카소에 대한 설명은 일반적으로 다음의 글이다.

Pablo Picasso (Spanish: ['paβlo pi'kaso]; 25 October 1881 – 8 April 1973), was a Spanish painter, sculptor, printmaker, ceramicist, stage designer, poet and playwright who spent most of his adult life in.

파블로 피카소는 스페인의 화가, 조각가, 판화가, 도예가, 무대디자이너, 시인, 각본가였으며 청년기의 대부분을 여기서 보냈다.

■ 말라가Malaga 피카소 미술관 건물

유럽의 웬만한 도시에는 피카소 미술관이 있다. 피카소만큼 미술계를 강타한 미술가는 없으리라. 나는 피카소의 그림은 별로 좋아하지 않는다. 솔직히 말해서 그의 그림을 모른다. 또한 미술사에 남는 그림과 좋은 그림은 구별되기 때문이다.

세비아에 갔을 때 피카소의 탄생지인 말라가Malaga가 근처에 있다는 것, 그의 미술관이 그곳에 있다는 사실을 알았다. 그래서 그가 태어난 말라가에 가서 피카소 미술관과 그의 생가를 보기로 했다. 오늘 잘 호텔은 그라나다에 있다.

2014년 6월 11일 세비야에 작별을 고하고 말라가로 향했다. 고속도로에 접어들자 황량한 들이 전개되었다. 200km를 달려야한다. 2시간은 걸린단다. 들은 해바라기 밭이 나타나더니 올리브 과원이 나타났고 추수한 밀 보리밭이 나타났다. 이 많은 올리브 기름과 해바라기 기름은 어디에 쓸 것인가? 유전이 없는 스페인은 대체 연료를 생각하는 것 같다. 마드리드에서부터 따라오던 가로화인 유두화는 말라가 가까운 산악지대에서 멈추었다. 제법 높은 바위 산맥이 나타났고 길은 사행 길이었다.

드디어 말라가에 도착했다. 시내는 많은 화초와 가로수로 아름다웠다. 깨끗한 항구도시로 말라가는 스페인의 나폴리에 비교되기도 한다. 자료에 의하면 말라가는 인구 568,507명(2010년 조사)으로 스페인에서 6번째 큰 도시이다.

가장 번화한 거리 주차장에 차를 세워두고 걸어서, 물어물어 갔는데도 한 시간 이상이 걸렸다. 거리는 미로와 같았다. 갔던 곳을 또 가고 또 묻고 해서 간신히 찾았다. 기대했던 피카소 미술관은 겉에서 보기에는 형편없었다. 좁은 골목에 있어서 작은 이층 가옥인데도 건물 전체를 사진기에 담을 수 없었다. 어째든 찾아서 반가웠다. 요금을 지불하고 안으로 들어갔다.

피카소미술관은 2003년에 개관했고 연간 약 40만의 관광객이 찾는다고 한다. 많은 숫자는 아니다.

* 이 미술관의 소장품 수는 204점. 1901년부터 1972년까지 피카소가 남긴 이 작품들은 피카소의 며느리 크리스티네 루이스-피카소christine Ruiz-Picasso와 손자 베르나르드 루이스-피카소Bernard Ruiz-Picasso가 화가로부터 유산으로 받아 보관해 온 개인 소장품들이다.

■ 미술관 내부–관광객

■ 피카소 생가 기념 명판

The Picasso Foundation was established in 1988 by the City Council of Malaga, having its seat the artist's Birthplace House. Ten years later the Picasso Foundation occupied the whole building, built in 1861, and was reopened by Their Majesties the King and Queen of Spain.

피카소재단은 1988년에 마라가의 시의회에 의해서 수립되었고 화가의 생가에 자리를 잡았다. 십년 후에 피카소재단은 1861년에 지은 이 건물 전체를 찾이했으며 스페인 왕과 왕비의 명으로 다시 문을 열게 되었다.

그의 대표작이라고 하는 《아비뇽의 처녀》나 《게르니카》의 작품은 없었고 초기의 작품이 주로인 것 같았다. 또한 일급 미술평론가들의 글이 각 실마다 있어 그의 미술을 이해하는데 많은 도움을 줄 것 같았으나 사진을 찍을 수 없어 아쉬웠다. 글은 스페인어와 영어로 되어있었다.

운 좋게 다음과 같은 어록을 사진에 담아왔다. 그의 예술관이 담긴 좋은 글이다.

"Academic training in beauty is a sham. We have been deceived, but so well deceived that we can scarcely get back even a shadow of the truth. The beauties of the Parthenon, Venuses, Nymphs, Narcissuses, are so many lies. Art is not the application of a canon of beauty but what the instinct and the brain can conceive beyond any canon. When we love a woman we don't start measuring her limbs. We love with our desires -although everything has been done to try and apply a canon even to love."

Christian Zervos "Statement by Picasso. 1935" en Picasso: Fifty Years of his Art. New York. The Museum of Modern Art. 1946, p.273

미에 있어서 이론적 정지整枝는 속임수다. 우리는 사기를 쳐왔다. 그러나 대단히 잘 사기를 쳤기 때문에 진실의 그림자조차도 다시 찾을 수 없었다. 파르테논, 비너스, 님프, 나르시소스의 미는 대단한 거짓이다. 비록 모든 것이 사랑까지도 규범을 따랐고 적용해왔지만. 예술은 규범에 적용하는 것이 아니라 직관과 지력智力이 규범을 초월해서 미를 인식하는 것이다. 우리가 여자를 사랑할 때 애정으로 사랑하는 것이지 그녀의 수족을 측정한 후에 하는 것이 아닌 것과 같다.

"And to shift things about. Putting eyes in legs. And to be contradictory. Painting one eye in full view and the other in profile. People always make both eyes the same-have you noticed? Nature does many things the way I do: it hides them! But it has got to confess. When I paint I skip from one thing to another. All right. But they make a whole. That's why people have to reckon with me. Since I work with Kazbek, I make paintings that bite. Violence, clanging cymbals...explosions...At the same time, the painting has to hold up. That's very important. But painters want to please! A good painting-any painting!-ought to bristle with razor blades."

Andre Malraux, Picasso's mask. London; Macdonald and Jane's, 1976,p. 139

그리고 변화에 대해서는 다리에다 눈을 그리는 것이다. 그리고 양립치 않겠지만 한 눈은 정면으로 그리고 다른 눈은 측면에 그린다. 사람들은 항상 두 눈을 똑 같이 그린다-당신도 인지했나? 자연은 모든 사물을 내가하는 방식으로 한다. 자연은 그들을 숨긴다. 그러나 그것은 고백해야만 한다. 내가 그림을 그릴 때 나는 한가지로부터 다른 것으로 건너 뛴다. 좋다. 그러나 그들은 전체를 만든다. 그것이 사람들이 나를 고려해야할 이유이다. 내가 카즈벡Kazbek과 작업을 한 이래로 그림을 그렇게 톡 쏘는 맛으로 그렸다. 격렬함, 쾅 소리나는 심벌즈, 폭성... 동시에 그 그림은 게양揭揚해야만 한다. 그것은 매우 중요하다. 그러나 미술가들은 마음에 들기를 원한다. 훌륭한 미술품은 어떤 미술품이든 간에 면도날로 곤두서야한다.

* 카즈벡Kazbek: 피카소가 키우던 개의 이름

"Among the several sins that I have been accused of committing, none is more false than the one that I have, as the principal objective in my work, the spirit of research. When I paint my object is to show what I have found and not what I am looking for. In art intentions are not sufficient and, as we say in Spanish: love must be proved by facts and not by reasons. What one does is what counts and not what one had the intention of doing."

Marius de Zayas. "Picasso Speaks" in The Arts, New York, May 1923,volll, no 5,pp.315-26

내가 위원회를 비난해온 다수의 과실은, 내 작품에서 첫째가 구상과 탐구정신이며 내가 소유한 작품은 어느 것도 실패하지 않은 것이다. 내가 대상을 그릴 때 내가 찾은 것을 그리지 내가 보는 것을 그리는 것이 아니다. 미술에 있어서 개념은 충분하지 않다. 그리고 우리가 스페인어에서 말하듯이 사랑은 이유에 의해서가 아니고 팩트(사실)에 의해서 판명되는 것이다. 사람이 하는 것은 생각하는 것이지 행동하는 것이 아니다.

## 다음 글은 피카소 미술관에 관한 글이다.

The history of the Museo Picasso Malaga though the eyes of Agencia EFE

An overview of the art gallery's history from its origins until today through a selection of images captured by the photographers of Agencia EFE between 1992and 2013. All prints come from the news agency's archives.

The photographs show some of the decisive moments in the museum's history as well as its leading actors. Together, they make up an illustrated tale of a city, an artist and a dream come true.

Fotografias de: Fernando Alvarado, Del Cordero, Carlos Diaz, Rafael Diaz, Jesus Dominguez, Paco Rodriguez, Daniel Perezy Jorge Zapata.

EFE 부서의 시각으로 본 말라가의 피카소박물관의 역사

초창기부터 오늘에 이르기까지 미술품의 선택을 통한 미술관의 역사의 개괄은 1992과 2013년 사이의 EFE부서의 사진가들에 의해서 획득獲得되어졌다.
사진가들은 미술관의 역사의 결정적인 수간, 몇 장면뿐아니라 지도적인 인물들을 보여준다. 함께, 그들은 도시의 이야기, 미술가와 꿈이 실현되는 것도 설명해주었다.

Fotografias de: Fernando Alvarado, Del Cordero, Carlos Diaz, Rafael Diaz, Jesus Dominguez, Paco Rodriguez, Daniel Perezy Jorge Zapata.

이상하게 미국에서는 허용되는 사진촬영이 미술의 본 고장인 영국, 프랑스(루브르미술관은 허용), 스페인에서는 허용되지 않는 것이 이해가 되지 않았다. 후에 안 일이지만 이태리와 독일, 네덜란드는 사진촬영이 허용되었다.
피카소의 그림은 입체주의를 떠나서는 생각할 수 없을 것 같다. 그것은 미술에 있어서 혁명이라고 할 수가 있다. 그러므로 전통미술에 익숙한 사람이 보기에는 괴상한 그림일 수밖에 없다. 그의 그림을 이해하기 위해서는 독자

적인 시각이 필요하다.

피카소의 아버지는 미술교사이었는데 열 살이 된 아들의 비범한 재능에 놀라 아들의 교육에 온통 정신을 쏟았으며 13살 때는 더 이상 가르칠 것이 없다고 말해 자신의 그림에 대한 욕망을 접었다고 한다. 그러나 후에 아들의 그림에 불만을 가졌다고도 한다. 다음 글은 그의 미술을 이해하는데 도움을 줄 것이다.

> 피카소는 "나는 보이는 것을 그리지 않고 알고 있는 것을 그린다."고 말했다. 세잔의 기하학적인 패턴에 영향을 받아 피카소는 사물의 진실 된 외형을 다시 점multiple view으로 분해해서 앞, 뒤, 전방, 후방에서 동시에 분석하고 있다.
>
> -〈클릭, 서양미술사〉 캐롤 스트릭랜드 지음/ 김경호 옮김. 예경 p248

■ 광장에 있는 피카소의 동상 옆에서 소라

■ 이 건물의 왼쪽 1-4층이 생가

미술관 감상을 마치고 5분 거리에 있다는 피카소의 생가를 찾았다. 그곳을 찾기도 쉽지 않았다. 물어 물어서 갈 수밖에. 광장을 가로질러서 가는데 한 건물에는 피카소 탄생 125주년 기념 그림을 걸어놓았는데, 그림은 그의 걸작 《알제리의 여인들The Women of Algiers》이고 땅에는 그의 동상이 있어 사진을 한 장 찍었다. 한 건물 앞에서 경찰 비슷한 복장의 사나이가 있어 피카소 생가가 어디냐고 물었더니 바로 그곳이란다. 믿기지 않아 다시 물었더니 맞단다. 반가웠다. 그곳에서도 입장료를 받았다. 우리는 시니어라 반값을 냈다.

■ 피카소 생가와 박물관이 있는 광장 한 건물에 있는 그림-알제리의 여인들The Women of Algiers

생가 터는 새로운 건물이 들어섰고 왼쪽 1, 2, 3, 4층이 기념관인데 관람은 2층까지만 허용되었다. 그곳은 양친의 사진과 옛날의 건물 사진, 살림도구와 피카소의 친필 원고 등이 전시되었다.

피카소는 말라가에서 10세까지 살고 라코루나로 이사했고 그후 바르셀로나로 이사했으며 왕립미술학교에 다닐 때는 마드리드에서 생활했다.

피카소는 정규교육에 적응하지 못하고 거의 독학으로 공부를 했다.

1904년 파리로 이주해서 생애의 대부분을 프랑스에서 활동했으며 말년에는 프랑스 무쟝에서 살았고 거기서 죽었고 묻혔다.

파리에 있는 피카소 미술관을 보지 못한 것이 후회되었다.

세계 위인의
생가를 찾아서

# 사그라다 파밀리아 교회

La Sagrada Familia

■ 사그라다 파밀리아 교회 La Sagrada Famili

■ 사그라다 파밀리아 교회 내부

그라다 파밀리아 교회 조각

■ 사그라다 파밀리아 교회 14개 탑〉

2014. 6. 15.

# 사그라다 파밀리아 교회

## La Sagrada Familia

스페인의 바르셀로나에 있는 안토니 가우디의 사그라다 파밀리아 교회La Sagrada Familia를 봐야했다. 이 건축물은 너무 유명해서 만약 보지 않는다면 스페인에 갔다오지 않았다고 말해진단다.

메트로를 타고 사그라다 파밀리아 역에 도착 출구로 나가니 이미 줄은 장사진을 이루었다. 맨 뒤에 가서 섰다. 1시에 표를 사서 들어가려는데 엘리베이트를 타고 꼭대기에 오르려면 3시까지 2시간을 더 기다려야한단다.

약간은 그로테스크한 이 벽돌 건축물은 가우디의 최고 걸작으로 소문이 파다한 미완의 작품이다. 20세기 최고 걸작의 건축물로 평가되고 있다. 그는 시골에서 태어나고 자라서 자연의 아름다움을 체험했고, 그 체험을 건축물에 응용했다.

■ 가우디의 데드 마스크와 초상화

■ 설계에 열중하는 가우디

사그라다 파밀리아 교회는 1882년에 착공하여 2020년에 완공을 목표로 했었다. 지난해가 2020년이니 완성이 되었는지 모르겠다. 완성이 되었다면 그 웅장한 건물을 다시 보고싶다. 그런데 유럽은 너무 멀다.

뾰쪽 탑은 스페인에 유독 많은 해바라기 꽃의 이미지 이란다.

뾰쪽 탑은 전부 18개인데 12 제자와 4명의 복음서 저자, 성모마리아, 가장 높은 탑(172.5m)은 예수의 상징이다. 이 탑이 완성되면 세계에서 가장 높은 성당 탑이 된다.

실내는 아직 완성이 안 되어서 그런지 화려하지는 안했지만 웅장했다. 드높은 천정과 햇빛이 들어오도록 설계된 부분은 신비감을 주었다.

박물관과 자료실은 건물의 모형과 특징 등을 상세하게 그려서 설명해놓았다. 많은 사진을 찍고 밖으로 나와 전면을 사진에 담고자했으나 마음먹은 대로 되지 않았다.

사그라다 파밀리아 교회는 천재天才는 무엇을 말하며 한 사람의 천재는 인간에게 어떤 것을 주는가 하는 점을 일깨워주었다. 가우디는 위대했다.

■ 밀라노 두오모

그런데 그 후 세계 최대의 바티칸의 성 베두루 성당, 600년이나 걸려 지었다는 밀라노의 두우모, 1344에 착공하여 1929에야 완공됐다는 프라하의 성 비트 성당, 세비야의 대 성당, 1248년 주춧돌을 놓기 시작하여 1880년에야 완성했다는 쾰른 대 성당을 위시한 유럽의 대 성당을 본 후 생각이 바뀌었다.

이들 대 성당은 600년의 세월이 걸렸다. 크기로도 타의 추종을 불허한다. 높은 탑들도 하나같이 뾰쪽하며 높다. 내부는 화려하고 웅장하며 스테인래스 그림의 정교함이 하나 같다.

■ 프라하의 성 비트 성당

사그라다 파밀리아 성당이 위대한 건축물임은 틀림없는 사실이겠지만, 이 건물도 유럽의 훌륭한 대성당의 발전선상에서 봐야한다는 것이 내 생각이다. 밀라노의 두우모나, 프라하의 성 비트 성당, 쾰른 대 성당도 사그라다 파밀리아 못지않은 훌륭한 건축물이다. 어느 의미에서는 더 뛰어난 선구적인 건축물이 아닐까?

■ 쾰른 대성당

바디칸 대 성당은 최고를 지향하지 않았다. 성모처럼 그저 평범하고 우아하다. 피렌체 성당은 지극히 아름답다. 웨스트민스트 사원은 묘지로 유명하다. 파리의 노들담 성당은 빅토르 위고의 작품으로 더욱더 유명하다.

사그라다 파밀리아 교회La Sagrada Familia

배인환

바르셀로나를 세계적인 도시로 만든
가우디의 사그라다 파밀리아 교회La Sagrada Familia
미완성인데
관광객은 벌떼 같다
1882년에 시작해서 2020년에 완성된다는 이 건물
정작 가우디는 1926년에 죽었는데
그는 살아서 이 건물을 아직도 짓고 있다.
어찌 보면 도깨비 집 같은데

대 천재는 과연 이런 존재인가
박물관의 전시물과 설명을 듣고
어렴프시 사그라다 파밀리아 교회를 알게 되었다
열여덟 개의 높은 탑들
왜 해바라기의 얼굴을 하고 있는지
건물의 하나하나의 의미!
사그라다 파밀리아 교회는 영원하고 위대하다.
백년도 훨씬 전에
이 건물을 설계한 가우디!
이 건물을 짓도록 허락한
바르셀로나는 위대하다

바르셀로나에는 사그라다 파밀리아 성당에 가려 보이지 않는 성당이 있는데 바로 바르셀로나 대 성당Catedral de Barcelona 이다. 첨탑의 높이가 70m, 길이 93m, 폭 400m에 달하는 규모로 성당 안에 들어가면 그 웅장함을 실감할 수 있다.

다음은 가우디에 관한 자료이다. 참고가 될 것이다.

1852년, 카탈루냐 캄 데 타라고나Camp de Tarragona 바시 캄Baix Camp의 레우스Reus 혹은 리우돔스Riudoms에서 태어났다. 부친 프란세스크Francesc와 모친 안토니아Antònia는 주물 장인 집안이었다. 전기에 따르면 애늙은이였다는 이야기가 있으며, 어렸을 적부터 류마티스를 앓아 지팡이를 짚고 다녔다. 성적도 좋지 못하고 몸도 허약했던 가우디는 어느 날 한 친구에게 자신의 그림 실력을 인정받게 되는데 이게 그가 건축가의 길을 걷게 된 큰 계기였다.

1878년 카사 비센스를 건축하기 시작하면서 본격적으로 유명해지기 시작한다. 그 후 카탈루냐의 명문가 코미야스 후작가의 별장을 건축하면서 가우디 평생의 후원자 에우세비오 구엘 백작을 만나게 된다.

가우디는 바르셀로나에서 가장 유명한 건축가답게 다양한 수주가 들어왔으며 구엘 가문과 관련된 작품들 외에도 다양한 건설작업을 하게 된다. 카사 바트요나 카사 밀라 등이 그 예라고 볼 수 있다.

1883년부터는 평생 동안 설계한 '성가정 대성당(사그라다 파밀리아 대성당)' 건설에 매진했지만 이런저런 재정문제 등으로 끝을 보지 못하고 1926년 6월 7일 성당에 미사를 마치고 돌아오던 길에 노면전차에 치여 치명상을 당했다. 운전사는 지저분한 노숙자로 여기며 그를 길 옆에 팽개치고 전차를 몰고 가버렸다. 사람들이 병원으로 데려가고자 택시를 찾았으나 볼품없는 차림새의 그를 알아보지 못하고 3번이나 승차거부를 당한 끝에 경찰의 도움을 받아 4번째 운전사가 겨우 운전했지만 병원도 2곳이나 거부당해, 할 수 없이 빈민들이나 치료받는 열악한 시설을 가진 무상 병원에 놔두고 가버렸다. 신분을 증명할 게 없어이 병원에서도 방치되었다가 겨우 정신을 차린 그가 이름을 말하자 비로소 병원 관계자들이 매우 놀라며 가우디의 친구들과 친척에게 연락했다.

서둘러 달려온 그들이 어서 다른 병원으로 옮기자고 말했지만 가우디는 "옷차림을 보고 판단하는 이들에게 그래서 이 거지 같은 가우디가 이런 곳에서 죽는다는 걸 보여주게 해라. 그리고 난 가난한 사람들 곁에 있다가 죽는 게 낫다"며 그대로 남았고 결국 6월 10일 73세를 일기로 생애를 마쳤다.

장례식은 1926년 6월 12일 사실상 반(半)국장으로 치러졌고 유해는 가우디가 마지막까지 열정을 쏟았던 성가정 대성당의 지하묘지에 안장되었으며, 다음과 같은 묘비명이 묘석에 새겨졌다.

ANTONIUS GAUDI

CORNET

REUSENSIS

ANNOS NATUS LXXIV

VITAE EXEMPLARIS VIR

EXIMIUSQUE ARTIFEX

MIRABILIS OPERIS HUJUS

TEMPLI AUCTOR

PIE OBIIT BARCINONE

DIE X JUNII MCMXXVI

HINC CINERES TANTI HOMINIS

RESURRECTIONEM MORTUORUM

EXPECTANT

안토니우스 가우디

코르네트

레우스 출신

향년 74세
모범적인 삶을
살아온 사람으로
위대한 예술가이며
경이로운 이 교회의
건축가
1926년 6월 10일
바르셀로나에서 세상을 떠나다
이 위대한 인간의
죽음으로부터의 부활을
기대하노라

출처: 나무위키

가우디의 건축 성향

거대한 자연에서 많은 영감을 얻었다. 어렸을 적부터 영향을 받아왔던 것이다.

극단적인 채식주의자였다. 젊었을 적에는 종교에 대해 회의적이었으나 교회 관련 건축 일을 하면서 독실한 가톨릭 신자가 되었고, 사그라다 파밀리아 성당을 지을 때엔 성당 내 사무실에서 살 정도였다.

건축 성향은 카탈로니아 전통 복고주의, 아르누보 정도로 대개 분류되지만, 그 자신의 다방면에 걸친 광범위한 취향과 건축주들의 다양한 요구를 소화시키려는 노력에 의해, 고딕, 르네상스, 바로크, 신고전주의 등등 서양 전통뿐만 아니라 인도, 이집트, 중국, 마야와 잉카, 역사 이전의 석기시대 건축들, 오컬트 신비주의, 심지어 곤충이나 식물 및 동물들의 형태에서까지 모티브를 따와 건축물에 반영하면서, 그 이전이나 이후나 볼 수 없는 독특한 건축물이 완성되었다. 거기에는 기존 서양건축에서 고전건축을 리바이벌할 때 나타나는 엄격한 절차나 규칙이 무시되어 가우디만의 독특한 원칙에 의해 배치되었는데, 이건 사실

탈권위성이 강한 아르누보 예술의 특징이기도 하다.

그래서 가우디의 건축은 포스트모더니즘 시대에 재발견되어 시대를 앞서간 포스트모던 건축으로 추앙받고 있다. 하지만 당대에는 주류였던 모더니즘을 벗어난 완전 독자적인 외딴 섬같은 건축이었고, 후대에 계승도 거의 이루어지지 않았다.

아무튼 가우디의 양식은 가우디만의 것이라고 해도 좋을 정도며, 카탈로니아의 전통 건축을 자기식으로 해석하여 자신만의 양식으로 만든 것 만으로도 대단한 일이라고 할 수 있을 것이다. 그러나 그렇게 자신만의 양식을 가지고 있다고 해서 천재 건축가로 불리는 것은 아니다. 가우디의 건축물들은 그러한 독특함 속에 합리적인 구조와 기능 역시 가지고 있다. 일견 멋으로만 보이는 둥근 천장과 나무 같은 기둥들은 무게, 즉 힘의 흐름에 따라 정교하게 설계된 것이며, 효율적인 구조가 아름다운 구조라는 개념을 아주 잘 나타내주고 있다. 또한 채광이나 환기와 같은 건축물의 기능 역시 충실하게 설계 되었다는 점에서 대단하다. 한마디로 예술적인 감성과 치밀한 공학을 조화시킨 점에서 진정 천재라는 명성을 얻을 수 있었던 것.

게다가 단순히 설계만 하는 것이 아니라 실무에서도 직접 미장공이나, 타일공을 섭외하고 부르는 등 자신의 건축물이 지어지는 일련의 과정에 세심하게 신경을 많이쓰는 건축가로 유명했다.

# 상징주의 완성자 폴 발레리

Paul Valery, 1871-1945

■ 폴 발레리Musée Paul-Valéry(1871~1945)의 초상화

■ 시인의 시 『해변의 묘지』의 모델이 된 공동묘지. 그는 여기에 잠들어 있다

# 상징주의 완성자 폴 발레리

Paul Valery, 1871-1945

이태리에 단테, 영국에 셰익스피어가 있고 독일에 괴테, 스페인에 세르반테스가 있다면, 문학에서 세계 최고라고 자부하는 프랑스에는 과연 누가 있을까? 프랑스의 가장 위대한 시인은 누구일까? 위에 든 셰익스피어, 괴테, 단테, 세르반테스와 비견되는 문인은 과연 누구일까? "유감스럽게도 빅토르 위고 라고 할 수밖에 없을 것이다." 이 말은 앙드레 지드의 주장이다. 레옹 폴 파르그Leon-Paul Fargue는 "빅토르 위고는 미래의 시인" 이라고 했다.

벤 존슨의 셰익스피어William Shakespeare(1564-1616)에 대한 찬사, "한 시대가 아닌 만세를 위한 작가" 라는 말과 뭐가 다른가. 프랑스에는 위고말고도 그만그만한 시인들, 소설가들이 많이 있다.

그러면 현대 이들과 비견되는 시인들은 과연 누구 누구일까? 있기는 있는 것일까? 영국의 T.S. 엘리엇, 독일의 라이너 마리아 릴케, 프랑스의 폴 발레리, 스페인어권의 파블로 네루다가 그런 위대한 시인이 아닐까.

폴 발레리는 상징주의 완성자 라고 말한다. 고백하지만 나는 그가 태어나고 자란 세트를 방문하지 못해다. 이유는 여러 가지이다. 그의 고향이 세트 라는 것은 알았지만 지도에서 찾지 못했다. 일정에 없었고, 여행의 피로감과 일기 쓰는데 바빠서 간과했었다.

귀국해서 알아보니 세트는 남프랑스 해변에 조그마한 도시인데 웬만한 지도에는 나오지 안는다. 프랑스의 3대 대학도시로 유명한 몽펠리에 남서쪽 지중해와 투우호 사이에 있다. 표고 185m의 생클레르 산이 있는데 폴 발레리의 가장 유명한 시 「해변의 묘지」의 영감을 얻은 묘지라고 한다. 그리고 그도 이 묘지에 묻혔다.

이곳 해변 도시에서 출생하여 이곳에 묻힌 시인 폴 발레리(1871~1945)에게 바쳐진 박물관이 하나 세트에 있다. 이름은 Musée Paul-Valéry

시인의 원고, 사진, 개인 유품 등과 함께 지역 전통 축제와 관련된 유물들을 전시하고 있다고 한다.

**관람시간**
**매일(오전 10시-12시, 오후 2시-6시)**
**휴관일**
**휴관(화요일, 7~8월은 휴관일 없음)**

내가 처음 폴 발레리를 안 것은 대학에 들어가서, 현대시 강독 시간에서 이다. 현대시 강의의 교과서는 동아출판사 발행 『T.S. 엘리엇, R. 프로스트, P. 발레리, R.M. 릴케 외 102인 20世紀詩集 4292년』이었다. 대학에서 엘리엇의 「프루프로크의 연가」, 「황무지」, 프로스트의 시, 발레리의 「해변의 묘지」, 릴케의 「두이노의 비가」, 「오르포이스에의 소네트」를 배우면서 이 세상에서 할 것은 문학뿐이 없구나 하는 문학병이 들었다.

불문학을 전공한 친구들의 이야기로는 발레리야 말로 엘리엇이나 릴케를 능가하는 최고의 시인이라고 한다. 그런데 영문학을 전공한 나는 엘리엇이 최고의 시인으로 보이고 릴케는 가장 시인다운 시인이 아닐까 하는 생각이다.

흔히 발레리는 지성의 다이아몬드 라고 표현한다.

말라르메Stéphane Mallarmé, 1842~1898의 뒤를 잇는 대표적인 상징주의 시인으로 치열한 사유를 하며 지성의 다이아몬드로 불리던 폴 발레리는 죽었을 때

국장으로 장례가 치러질 만큼 존경을 받았고 그는 고향으로 돌아와 영원한 안식에 들어갔다.

그의 묘비명에는 이렇게 적혀있다.

> "오, 사색 뒤에 오는 보상
> 신들의 고요에 던져진
> 그토록 오랜 시선"

# 피렌체의 단테 생가와 기념관

■ 베아트리체의 초상

■ 단테

■ 단테와 베아트리체의 만남

2014. 6. 22

# 피렌체의 단테 생가와 기념관

단테의 집과 박물관, 산타 크로체, 피렌체 대 성당Basillica e Museo di Santa Croce에 있는 단테의 동상을 보러갔다. Florence Grand Panoramic Tour를 포기하고 하는 관광이다.

단테의 생가는 골목에 있었으나 쉽게 찾을 수 있었다. 지금은 교회인데 문이 잠겨있었다. 그리고 바로 앞에 단테 박물관이 있었다. 이웃에게 물어보니 매일 10시에 문을 연다는 것이었다. 단체 관광객이 겉만 보고 연달아 사라졌다.

10시까지 시간이 좀 있어서, 십여 분 거리인 피렌체 대 성당 앞에 있다는 단테의 동상을 먼저 보기로 했다. 길을 물어 좀 헤매다가 찾고 보니 어제 간 곳이었다. 광장에는 수많은 의자를 가져다 놓고 무대를 만들며 공연준비를 대대적으로 하고 있었는데, 그것을 보자 어제 온 곳이 분명했다. 안내인이 말을 했거나 어제 동상 가까이에 갔더라면 알았을 터인데. 어쨌든 단테의 동상을 이제라도 보아서 기분이 좋았다. 단테의 동상은 상당히 컸다. 동상은 월계관은 쓰고 있지 않았다.

사진에 담고, 다시 단테의 집과 박물관에 갔다. 한번 간 곳도 찾지 못해 여러번 물어서 갔다. 여행을 하다보면 이런 경우가 자주 일어난다.

10시가 넘었는데 박물관은 아직 문을 열지 않았다. 관광객들 일부가 줄을 서 개관을 기다리고 있었다. 박물관 건물 앞으로 많은 관광객이 관심을 두지 않고 지나갔다. 10시 20분에 비로소 문을 열었다. 한 사람 당 4유로씩 받았다.

■ 단테 기념관

■ 산타크로체 성당 앞 단테의 동상 아래서 저자

■ 단테의 입상(헝가리 조각가 이스트반 마타라시Istvan Madarassy의 작품

■ 로댕의 지옥문

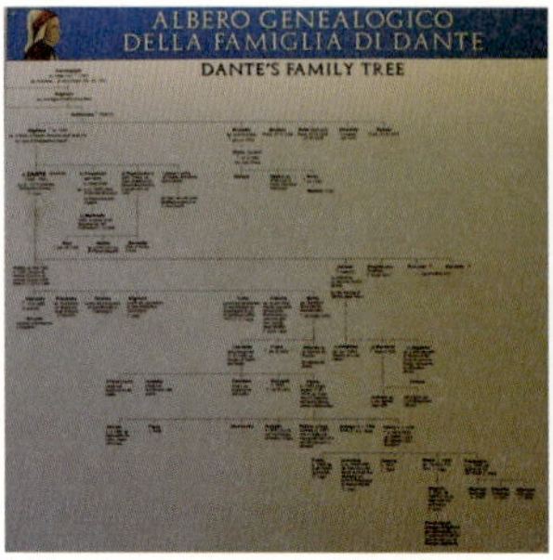


■ 단테의 가계

■ 금화 은화Florin

박물관은 조그마한 4층 건물인데 생각보다 많은 유물을 전시해놓았다. 사진 촬영이 허용되어 천만다행이었다. 이탈리아는 미술관도 사진촬영이 허용되었다. 관광객은 20명 정도이었는데 노인들도 있었고 젊은이들도 있었다. 처음 눈에 띈 것은 튼튼한 유리 상자에 들어있는 붉은 색감이 도는 단테의 입상이었다. 내 키 정도의 크기인데 인형 같았다. 그 동상은 헝가리 조각가 이스트반 마타라시Istvan Madarassy의 작품이었다. 재료가 구리인지 동상에서 광체가 나는 듯했다. 동양의 문인 화를 연상하게 하는 섬세한 골격의 단테 상은 머리에는 월계관, 손에는 두꺼운 책을 3 권 들고 있었다. 고뇌에 가득 찬 얼굴이 깊은 사색에 잠겨있었다. 이렇게 복잡한 얼굴을 한 문인은 이전, 이후 어느 곳에서도 나는 보지 못했다.

단테 알리기에리(1265~1321)는 피렌체에서 출생한 이탈리아의 가장 위대한 시인, 유럽 문학의 거장이다. 너무나 유명한 그의 작품『신곡』은 기념비적인 작품이란 평이다.

단테의 초상화는 월계관을 쓰고 있다. 어느 누구도 아닌 유독 그만이 월계관을 쓰고 있을까? 월계관은 승리자에게 쓰게 하는 상징물인데? 인간계의 단테는 월계관을 쓰고 있는데 신계의 예수는 가시관을 쓰고 있다. 어찌 된 것인가?

■ 망명생활의 고달픔. 휴식중인가?

■ 루카시뇨텔리의 단테의 초상 1504

아마도 화가들이 이 위대한 시인의 머리에 월계관을 씌워주었을 것이다. 같은 시대의 화가 지오토가 그린 초상화는 월계관이 없다. 지오토 보다 후배 보티첼리와 라파엘로가 그린 단테의 초상화에는 월계관이 있다.

그 비밀을 찾아냈다. 1317년 여름 라벤나의 기도 노벨로가 단테를 예우해 주었다. 1321년 단테가『신곡』을 탈고하고 죽자 노벨로 공이 시인의 머리위에 월계관을 바쳤다고 한다.

단테는 르네상스의 선구자이다. 신곡은 원래는 책 제목이 단순히 희극이었는데, 단테가 시성詩聖divino poeta으로 추앙되어 1555년 출판될 때 신곡으로 되었다고 한다.

■ 단테의 신곡

■ 단테의 필적

나는 대학시절에 최민순崔玟順 신부가 번역한 을유문화사 세계문학전집으로『신곡』을 처음 대했다. 그러나 너무 어려워 100페이지도 못 읽었다. T. S. 엘리엇은『단테론』에서 단테 시의 위대성은, 첫째 문체의 보편적 모범. 둘째 우의적寓意的 시작 방법. 셋째 인간 감정의 깊이와 높이를 완전히 담은 그릇, 이라고 말했다. 그리고 그 논문에는 다음과 같은 구절이 있다.

> 『신곡』전체를 볼 때 우리는 그것을 다만 셰익스피어의 전 극작품과 비교할 수 있을 뿐이다. 단테의 『신생』을 셰익스피어 14행시와 비교하는 것은 또 하나의 흥미 있는 일이다. 단테와 셰익스피어는 근대를 자기들 간에서 양분하였으며 그 후 이 두 시인 다음에 갈 사람은 나오지 않았다.
>
> (세계문학선집 14. 엘리엇 선집. T.S. 엘리엇- (단테론)이창배역. 을유문화사. 1959. p467

다음 시구와 글을 읽어보자 엘리엇이 단테를 얼마나 위대한 시인으로 평가했는가 알 수가 있다.

Giustizia mosse il mio alto Fattore,
 fecemi la divina Potestate:
 la somma Sapienza e il primo Amore.

정의가 나의 지고의 창조자를 움직여
 성스러운 힘과 최고의 예지와
 원시의 사랑에 의하여 나를 만드시다.
 (지옥편 제3장 4-7행)
 (위책 p449)

E come gli stornei ne portan l'ali.
 nel freddo tempo, a schiera larga e plena.
Cosi quel fiato gli spiriti mali;

그리고 날개를 타고 찌르레기 떼들이
　치운 季節에,
　크게 떼를 지어 날아가듯이
(지옥편 제5장 41-42행)

(위책 p449)

E come i gru van cantando lor lai
　facendo in aer di se lunga riga;
　cosi vid'io venir, traendo guai,
ombre portate dalla detta briga;

그리고 학들이 노래를 부르며,
　공중에 긴 줄을 지어 가듯이,
　세찬 바람에 몰려
울부짖는 환상들이 오는 것이 보였다.
(지옥편 제5장 46-49행)

(위책 p450)

단테가 이 이야기를 제시하는 의도는 아직 모르지만, 지옥에 떨어진 두 애인의 정경에 감동할 수는 있다. 이런 삽화 하나만을 읽어도 거기에서 셰익스피어의 극 한 편을 전부 읽어서 얻는 것만큼 얻을 수 있다.

이에 반하여 부정적인 비판도 있다. 신곡에 대한 다음과 같은 비판도 참고의 가치가 있다고 생각한다.(T.S. 엘리엇 선집- 단테론(이창배역)에서)

(위책 p450)

## 예이츠는 단테의 작품을 "그리스도교적인 최고의 상상력" 이라고 평가했다.

신곡은 토스카나 방언으로 적혔다는 것은 누구나가 이해할 수 있고, 누구의 마음속에나 쉽게 받아들일 수 있고, 게다가 천박함을 저어하는 세심한 배려가 기울어져 있다는 뜻이다. 그러나 이슬람교의 창시자 무함마드가 지옥에 떨어진

다든지 예수 이전에 태어난 사람은 기독교인이 아니므로 훌륭한 사람이더라도(플라톤, 호메로스 등) 천국에 가지 못한다는 등, 자신의 개인적 신앙을 반영하고 있어 지식의 한계를 보인다는 비판을 받기도 한다.(위키백과에서)

단테의 가계도, 필적,『신곡』『신생』『향연』의 책과 로딩의 〈지옥문〉, 캄빨디노 전투The Battle of Campaldino 사진과 병력배치도를 전시해놓았다. 젊은 시절의 단테의 초상, 침대, 의상 등을 보았다.

신곡에 대한 소개는 DANTE ALIGHIERI 아래 LA DIVINA COMMEDIA의 제목 밑에 깨알 같은 글씨로 신곡을 써 놓은 것 같고 왼편엔 지옥도 오른편은 연옥과 천당을 여러 층으로 그린 커다란 패널이 인상적이었다.

■ 단테의 신곡

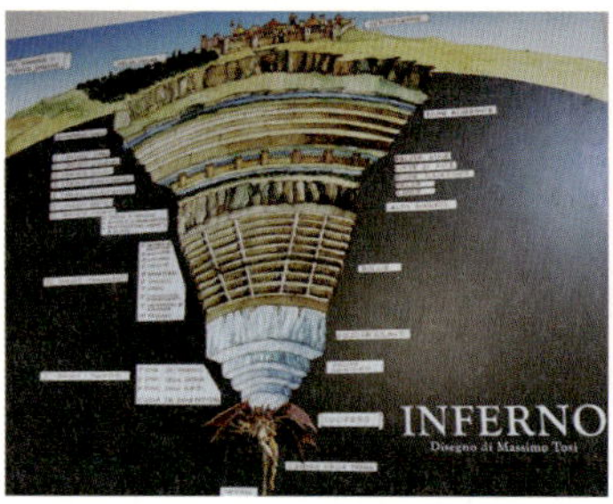

■ 지옥도Inferno ■ 연옥도Purgatorio ■ 천당도Paradiso

단테는 두오모의 세례 당에서 세례를 받은 것으로 기록되어 있다.

바로 앞에 있는 생가로 갔다. 허름한 패널에 다음과 같은 글이 있었다. 그 글은 이태리어, 영어, 독어, 불어, 스페인어, 일어, 중국어, 러시아어(?)인데, 우리 한글은 없었다.

Chiesa di S. Margherita
de(1032)
detta Chiesa di Dante

Church of Saint Margaret

In this church of Saint Margaret(1032), Dante Alighieri met Beatrice Portinart, who inspired his poetry, and married Gemma Donati. This church house the tombs of the Portinari and Donati Families, and both Beatrice and Gemma are buried here. This church is called "Church of Dante" in as much as it was the center of the poet's social, political and religious life.

성 마렛트 교회

성 마가렛트 교회에서 단테는 그의 시에 지대한 영감을 준 베아뜨리체를 만났고 젬마 도나티와 결혼을 했다. 이 교회에는 포티나리가문과 도나티 가문의 묘지가 있고 베아트리체와 젬마도 여기에 묻혔다. 이 교회는 단테교회라고 하는 만큼 시인의 사회, 정치, 종교의 중심지이었다.

■ 단테 교회 정문

■ 교회 내부

위 글과 같이 지금은 단테교회Dantes Church라는 간판이 붙어있다. 교회인 만큼 생가로의 면모는 찾을 길이 없고 내부는 조그마한 제단과 교인들이 앉을 의자와 벽에 걸려있는 성화가  전부이었다.

이 건물의 최초의 기록은 1032년이고 단테가 젬마 도나티와 결혼한 1285년 혹은 1290년에 거주했다는 논쟁이 끝이지 않고 있다. 그 건물은 도나티 가족의 교구교회이었던 것이 확실하며 포르티나리 가족의 묘가 몇 구 있었다. 이 가문에서 베아트리체가 태어났다. 그런 점으로 미루어 단테의 생가라고 단정하는 것 같았다.

방문객들은 단테의 영원한 연인 베아트리체에게 편지를 써서 그녀의 무덤 옆에 있는 바구니에 넣어두었다. 나도 무심히 그렇게 했다.

그의 신곡 연옥편에 나오는 시 한 토막-두 연인이 만나는 장면이다.

Sopra candido vel cinta d'oliva
  donna m'apparve, sotto verde manto.
  vestita di color di fiamma viva.
E lo spirito mio, che gia cotanto
  tempo era stato che alla sua presenza
  non era di stupor, tremando, affranto,
senza degli occhi aver piu conoscenza,
  per occulta virtu che da lei mosse,
  d'antico amor senti la gran potenza,
Tosto che nella vista mi percosse
  l'alta virtu che gia m'avea trafitto
  primo ch'io fuor di puerizia fosse,
volsimi alla sinistra col rispitto

col quale il fantolin corre alla mamma
quando lia paura o quando egli e affitto
per dicere a Virgilie: 'Men che dramma
di sangue m'e rimaso, che non tremi;
conosco i segni dell' antica fiamma.

흰 견사 위에 올리브 관을 쓰고
푸른 외투 밑에 불꽃같은 색의
옷을 입은 한 여인이 나타났다.
내 정신이(그 앞에서 두려운 마음으로
떤 이래 오랜 세월이 지났건만)
눈으로 그 존재를 알아보기 전에,
그에게서 나오는 보이지 않는 힘에 의하여
옛날 같은 열렬한 사랑을 느낄 수 있었다
나는 내가 청년이 되기 전에
나를 꼼작 못하게 하던
그 무서운 힘의 충격을 받아
어린 아이가 놀라거나 슬퍼할 때에
그 어머니에게 달려가는 그 심정으로
왼쪽으로 향하여 버질에게
〈온몸의 피가 모두 떨리는데
이것이 옛날의 정염이 다시 불붙는
징조인 듯합니다〉 라고 말하였다.

(T.S. 엘리엇 선집- 단테론(이창배역)에서)

※ 단테에 대한 참고자료는 부록에 더 있음.

세계 위인의
생가를 찾아서

# 로마에서 본 영국 시인의 박물관

■ 로마의 휴일로 유명한 스페인 광장

■ 존 키츠, 퍼시 비시 셸리 기념관 표시판

■ 키츠, 셸리 기념관

■ 12계단에 있는 차집

2014. 6. 24

## 로마에서 본 영국 시인의 박물관

판티온에 갔다 오다가 메트로 역을 찾아 걷다보니 스페인 광장까지 갔다.

스페인 광장이란 이름은 근처에 스페인 대사관이 위치하고 있어서 그런 이름이 붙었고, 그 후 18, 19세기에 관광객들이 붐벼서 자연스럽게 호텔 밀집 지역이 되었다. 사람들은 도박, 골동품 구입을 했고, 그곳에 모여든 여자와의 사랑에 유혹을 느꼈다고 한다.

구경할 곳은 삼위일체 성당Trinita dei Monti, 스페인 계단, 바르카치아Barcaccia 분수, 바빙톤의 티룸Babington's Tea Room, 콘도티 거리Via Condotti, 카페 그레코 Caffe Greco 등이다.

이보다 그곳은 50년대 만들어진 명화『로마의 휴일』로 유명한 곳이다. 지금은 고인이 됐지만 그레고리 펙, 오드리 헵번 주연의 명화이다. 그곳에서 우연히 영국의 낭만주의 시인, 키츠 셸리 기념관Keats-Shalley Momorial house을 발견했다. 로마에서 영국의 낭만주의 시인의 기념관을 만난다는 것은 생각지도 않았다.

■ 키츠, 셸리, 바이런 사진

■ 키츠 동상

■ 셀리 동상

■ 미남 바이런의 사진

4층쯤 되어 보이는 작은 건물이었다. 5유로씩 주고 안으로 들어갔다. 걸어 올라가는 층계에 가득 그들의 시와 사진이 요란하게 붙어있었다. 종사원에게 로마에 단테의 기념관은 없으면서 영국 시인의 기념관이 있다는 것이 이상하다고 말을 꺼냈더니 키츠와 셸리가 이태리 로마에서 죽었기 때문이란다. 그리고 괴테의 박물관도 로마에 있다고 말했다.

괴테도 이태리 여행(1786~1788-일 년 반)을 한 일이 있고 괴테의 아버지도 이태리 여행을 했고 외아들도 이태리 여행 중 사망한 것으로 알고 있는데 그런 인연으로 기념관을 갖고 있는 것 같았다. 우리는 프랑크푸르트에 가서 괴테의 생가를 볼 것이라고 말했다.

바이런, 키츠와 셸리의 잘 생긴 사진이 눈에 들어왔다. 그리고 다음과 같은 글이 있었다.

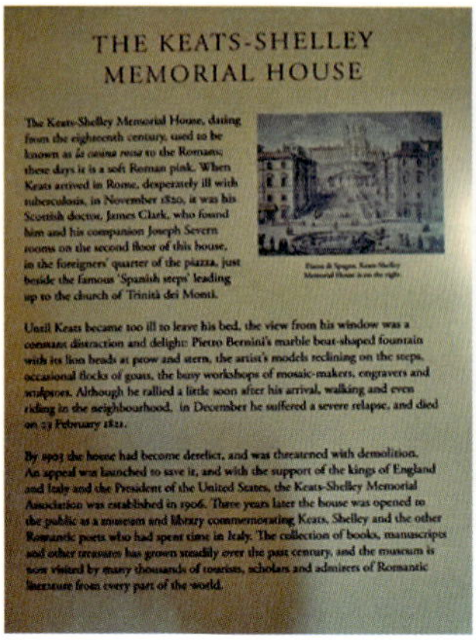


■ 키츠,셀리 기념관 설명문

■ 낭만주의 설명문

The Keats-Shelley Memorial House

The Keats-Shelley Memorial House, dating from the eighteenth century, used to be known as la casina rossa to the Romans; these days it is a soft Roman pink. When Keats arrived in Rome, desperately ill with tuberculosis, in November 1820, it was his Scottish doctor, James Clark, who found him and his companion Joseph Severn rooms on the second floor of this house, in the foreigners' quarter of the Piazza, just beside the famous Spanish Steps, leading up to the church of Trinita dei Monti

Until Keats became to ill to leave his bed, the view from his window was a constant distraction and delight: Pietro Bernini's marble boat-shaped fountain with its lion heads at prow and stern, the artist's models reclining on the steps, occasional flocks of goats, the busy workshops of mosaic-makers engravers and sculptors. Although he rallied a little soon after his arrival, walking and even riding in the neighbourhood, in December he suffered a severe relapse, and died on 23 February 1821. By 1903 the house had become derelict, and was threatened with demolition. An appeal was launched to save it. and with the support of the Kings of England and

Italy and the President of the United States, the Keats and Shelly Memorial Association was established in 1906. Three years later the house was opened to the public as a museum and library commemorating Keats, Shelley and the other Romantic poets who had spent time in Italy. The collection of books, manuscripts and other treasures has grown steadily over the past century, and the museum is now visited by many thousands of tourists, scholars ,and admirers of Romantic literature from every part of the world.

키츠-셸리 기념관은 18세기에 기록되었는데, 로마인들에게 그 당시 분홍색 지붕의 카시나 로사casina rossa로 알려진 곳이었다. 1820년 11월에 폐결핵을 앓던 키츠가 로마에 왔을 때 삼위일체 성당으로 가는 유명한 스페인 계단의 외국인 거주 지역에 있는, 그 집의 2층 방에 그와 그의 친구인 화가 세번 Joseph Severn를 찾아낸 것은 키츠의 스코틀랜드 의사 James Clark 이었다.

키츠가 병으로 죽을 때까지 창밖의 경치는 끝없는 혼란과 기쁨이었다. 뱃머리와 선미에 사자 머리를 가진 Pietro Bernini's의 대리석 배 모양의 분수, 계단에 누워있는 미술가들의 모델들, 때때로 염소 때들, 모자이크를 만드는 조각가들의 바쁜 작업장의 경치. 로마에 온 후 키츠는 조금 회복되어서, 걷기도 하고 이웃들과 승마도 했지만 12월에 다시 병이 도져서 1821년 2월 23일에 죽었다.

1903년까지 그 집은 유기되어 헐어버리겠다는 위협을 받았다. 그것을 구하겠다는 호소가 시작되었다. 영국과 이태리 왕, 미국대통령의 후원으로 키츠 셸리 기념회가 1906년에 결성되었다. 3년 후 키츠와 셸리 그리고 그 당시 이태리에 머무렀던 낭만주의 시인들을 기념하는 박물관과 도서관으로 대중에 공개되었다. 책과 원고, 다른 진귀한 물건들이 과거에 국한되지 않게 꾸준히 증가되었고 이제 많은 관광객들, 학자들, 낭만주의 문학의 애독자들이 세계의 곳곳에서 이곳에 오고 있다.

※ 사진 p.83에 있음

사실 낭만주의 시를 가장 찬란하게 꽃피운 곳이 영국이다. 영국에는 낭만주의 시인이 너무나 많다.

키츠와 셸리, 바이런 이외에도 윌리암 브레이크William Blake, 로버트 번즈Robert Burns, 윌리암 워즈워드William Wordsworth, 사무엘 테일러 코울리지Samuel Taylor Coleridge, 월터 세비지 랜더Walter Savage Landor, 토마스 무어Thomas Moore, 찰스 램Charles Lamb, 존 클레어John Clare 등이 있다. 다들 시사에 남을 훌륭한 시인들이다.

〈Keat's Bedroom. By Penny Graham. Rome, 2008. Gouache and ink〉

* 구아슈(아라비아 고무 따위로 만든 불투명한 수채그림 물감

폐결핵을 앓던 키츠는 이태리의 온화한 기후가 병의 회복에 도움이 된다는 의사의 권고에, 그의 친구인 화가 세번Joseph Severn과 1820년 11월에 로마에 와서 스페인 계단의 분홍색 자붕인 카시나 로사Casina Rossa에 거주했다. 그의 애인 패니Fanny Brawne가 동행하려했으나 폐결핵이 전염병이라 영국에 머물도록 했다고 한다. 로마에 온 것도 보람없이 불치병이 악화되어 3달 후인 2월에 25세의 젊은나이로 죽었다. 키츠의 죽음은 그의 동료 시인들에게 충격을 주었다. 셸리도 이태리 북동부의 해안 도시인 라 스페치아La Specia에서 보트 사고로 익사했다.

또 한명의 시인 바이런George Gordon Byron1788-1824은 1823년 그리스 독립전쟁에 참가하여 말라리아에 걸려 사망했다.

다음 글도 담아 왔다.

Fanny Lianos, nee Keats(1803-89) by Juan Lianos Y.Keats

A portrait of Keats's younger sister Fanny in old age. As a girl Fanny saw little of her brother, but Keats wrote to her regularly, 'in order', he said, 'that I may not only, 'as you grow up love you as my only sister, but confide in you as my dearest friend'. Fanny treasured these letters throughout her life, while Keats asked that her letters be buried with him in Rome. In 1826, aged twenty -three, Fanny married a Spaniard, Valcntin Maria Llanos, who apparently had seen Keats in Rome only three days before his death. In 1833 they went to Spain, where they settled. In the spring of 1861 Fanny visited Rome, and saw the house in Piazza di Spagna where, forty years earlier, her brother had spent his final days. There, by chance, she met Joseph Severn. 'For a long time we remained without being able to speak', remembered Severn.' 'Twas like a brother and sister who had parted in early life meeting after forty years. How singular that we should meet in the very place where Keats died'. Later, at Keats's grave, Fanny planted two bay trees.

키츠의 연인 패니의 노년기 사진. 애인으로 패니는 남자친구로 키츠를 자주 만나지 못해서, 키츠는 정규적으로 그녀에게 편지를 썼다. 그는 말했다. 나는 네가 성장할 때 나의 유일한 애인으로 사랑할 뿐만 안이라 내가 가장 사랑하는 친구로 신뢰했다. 페니는 이 편지를 평생 보물로 간직했다. 반면에 키츠는 그녀에게 보낸 편지를 로마의 묘지에 묻어달라고 요청했었다.

1826년, 23세 이었을 때 페니는 스페인 사람 Valcntin Maria Llanos와 결혼했다. 그리고 그는 키츠를 죽기 전 3일에 로마에서 만난 적이 있다.1833년 그들은 스페인으로 갔고 그곳에서 살았다. 1861년 봄에 페니는 로마를 방문했고

Piazza di Spagna에 있는 40년 전 그녀의 연인(키츠)이 마지막을 보낸 그 집을 방문했다. 그녀는 우연히 Joseph Severn을 만났다. 오래 동안 우리는 아무 연락이 없었다고 세번은 회상했다. 그들은 이십대에 헤어져서 40년 후에 만났지만 오빠 동생 같았다 라고 회상했다. 키츠가 죽은 바로 그 장소에서 만난 것은 얼마나 신기한 일이냐. 후에 패니는 키츠의 무덤에 두 그루 계수나무를 심었다.

■ 키츠의 연인 패니와 셸리의 시구 카츠와 관련된 글

■ 셸리의 부인–메리 코든 크라크

셸리의 부인 메리 고든 크라크는 최초의 SF 소설『프랑켄슈타인』으로 유명하다.

키츠의 사망 소식은 브론에게 한 달이나 지나서야 전해졌다. 충격이 너무나 컸다. 키츠가 그녀에게 준 반지는 죽을 때까지 소중하게 간직했다고 한다.

사실 이태리는 낭만주의 시인이라고 내세울만한 시인이 거의 없다. 셸리와 키츠의 필적과 가족관계, 그들의 시가 잘 정리되어 있었다. 쉘리는 화장을 해서 묘가 없는가 물었더니 종사원은 무덤이 있단다. 키츠와 같은 묘지에 있다고 말했다.

■ 낭만주의 시인들의 책

■ 3 시인의 필적

바이런과 셸리, 키츠는 요절한 시인들이다. 바이런이 36세, 셸리가 30세, 키츠가 26세에 죽었다. 아까운 나이에 죽었다. 이들이 더 오래 살았더라면 더 좋은 시를 많이 썼을 터인데. 시인은 한 국가의 소유물이 아니다. 인류가 공유해도 되는 보석 같은 존재이다. 그들의 유명한 시구가 생각났다.

■ 셸리의 화장

Ode to the West Wind

The trumpet of a prophecy! O, Wind,
If winter comes, can Spring be far behind?

예언의 나팔이 되어다오! 오, 바람이여.
겨울이 오면 봄은 멀지 않으리.

키츠의 시구
Ode on a Grecian Urn

Than ours, a friend to man, to whom thou say'st,
" Beauty is truth, truth beauty,"-that is all
Ye know on earth, and all ye need to know.

인간의 친구로 남아 인간에게 말하리,
"미는 진리이고, 진리는 미" 라고-이것이
너희들이 이 세상에서 알고, 알 필요가 있는 전부이니라.

Oscar Wilde Letter to Emma Speed, with a sonnet on Keats grave (1854-1900) 21, March 1882

Oscar Wilde visited the Non-Catholic Cemetery, 'the holiest place in Rome', in April 1877, and prostrated himself on the grass before Keats's grave. Shortly afterwards he wrote a sonnet to commemorate the occasion. Here, five years later, Wilde sends his sonnet to George Keats's daughter, Emma Speed, in America. She had been in the audience during a lecture given by Wilde that year, in which he had quoted Keats's sonnet Blue' lis the life of heaven, the domain". Delighted, she showed Wilde some of her father's papers, and later gave him the original manuscript of sonnet. 'What you have given me, is more golden than gold', Wilde writes 'more precious than my treasure this great country could yield me, thought the land be a network of railways, and each city a harbour for the galleys of the world'.

오스카 와일드는 에마스피드에게 키츠의 묘에서 쓴 소넷트와 같이 편지를 보냈다.

오스카 와일드는 1877년 4월에 로마에서 가장 신성시 되는, 비 캐톨릭 묘지를 방문해서. 키츠의 묘앞 잔디밭에 엎드렸다.  그후 간단하게 때마추어 축시를 썼다. 5년 후 와일드는 미국에 살고있는 조오지 키츠의 딸 엠마 스피드에게 그가 쓴 소넷트를 보냈다. 엠마는 그해 와일드가 강연중 관객이었다. 그리고 그 강연중 와일드는 키츠의 소넷트 Blue' lis the life of heaven, the domain".를 인용했다. 기뻐서 엠마는 와일드에게 그녀의 아버지의 원고를 좀 보여주었다. 그리고 후에 그에게 소넷트의 원고의 원본을 주었다. 당신이 나에게 준 것은 금보다 훨씬 금쪽같은  원고다. 와일드는 이 위대한 나라가 나에게 이익을 가져다 줄 수 있는 어떤 것보다 가치있는 것이라고 편지를 썼다. 영토가 철도의 넷트웍이 되는 생각, 도시마다 세계의 박물관이 되는 생각

Blue' lis the life of heaven, the domain는 Endymion의 유명한 첫구절

.A thing of beauty is a joy for ever
- from Endymion by keats

A thing of beauty is a joy for ever:
Its loveliness increases; it will never
Pass into nothingness; but still will keep
A bower quiet for us, and a sleep
Full of sweet dreams, and health, and quiet breathing.

아름다운 것은 영원한 기쁨
-[엔디미온]에서

아름다운 것은 영원한 기쁨
그 사랑스러움 갈수록 커가리. 그것은 결코
줄어들어 소멸하지 않고 우리에게
한결같이 고요한 그늘을 줄 것이며, 달콤한 꿈
가득한 잠과, 건강함과, 조용한 숨결을 주리라.

이 박물관에 있는 시인은 아니지만 영국 낭만주의 시인중 첫 손을 꼽는 윌리엄 워즈워스의 시 한편을 소개한다.

My Heart Leaps Up
William Wordsworth

My heart leaps up when I behold
A rainbow in the sky;
So was it when my life began;
So is it now I am a man;
So be it when I shall grow old,
Or let me die!
The Child is Fatherof a man;
And I could wish my days to be
Bound each to each by natural piety.

무지개

하늘에 무지개 바라보면
내 가슴 뛰네

내가 태어났을 때 그랬고
어른이 된 지금도 그러네,
늙어서도 그러리
　그렇지 않다면 차라리 죽어버리리
어린이는 어른의 아버지
원하건대 내 삶의 하루하루가
자연에 대한 경이로 이어지기를

Bright star

By John Keats

Bright star, would I were stedfast as thou art -
　Not in lone splendour hung aloft the night
And watching, with eternal lids apart,
　Like nature's patient, sleepless Eremite,
The moving waters at their priestlike task
　Of pure ablution round earth's human shores,
Or gazing on the new soft-fallen mask
　Of snow upon the mountains and the moors -
No - yet still stedfast, still unchangeable,
　Pillow'd upon my fair love's ripening breast,
To feel for ever its soft fall and swell,
　Awake for ever in a sweet unrest,
Still, still to hear her tender-taken breath,
And so live ever - or else swoon to death.
[출처] 짧은 영시 (19-4) 존 키츠 / 빛나는 별Bright star|작성자 차일피일

빛나는 별이여, 내가 그대처럼 한결같다면 -

하지만 밤하늘 높이 떠 외로운 빛으로
영원히 눈을 뜬 채로 지켜보지는 않으리라,
끈기 있고, 잠 못 이루는 자연의 은둔자처럼,
인간들이 사는 해변 주변을 성직자가 봉헌하듯이
깨끗이 씻어내리는 물결을 지켜보지 않을 것이며,
또는 산과 황무지에 새로이 부드럽게 쌓여
덮이고 있는 눈을 지켜보지 않으리라 -
아니 - 다만 여전히 한결같이, 여전히 변함없이,
내 아름다운 연인의 무르익은 가슴을 베개 삼아,
부드럽게 오르내리는 그 감촉을 영원히 느끼며,
달콤한 설렘에 영원히 잠 못 이루면서,
언제까지나, 그녀의 부드러운 숨소리를 들으며,
그렇게 영원히 살리라 - 아니면 차라리 죽으리라.

[출처] 짧은 영시 (19-4) 존 키츠 / 빛나는 별Bright star|작성자 차일피일

이 시는 키츠의 약혼녀(Fanny Brawne)에게 바치는 시이다. 제인 캠피온Jane Campion 감독의 영화 "빛나는 별" Bright Star, 2009에서 두 사람의 사랑이 다루어지고 있으며, 제목은 물론 이 시에서 따 왔고, 영화 속에서도 이 시가 낭송되고 있다. 우리나라에서는 "연애편지" 라는 제목으로 개봉되었다.

[출처] 짧은 영시 (19-4) 존 키츠 / 빛나는 별Bright star|작성자 차일피일

낭만주의에 대한 설명도 있어서 적어 본다.

Romanticism

The age of Romanticism broadly spans the period between of French Revolution in 1789 and the coronation of Queen Victoria in 1837. Never a unified and self-conscious movement, it resists definition. Romanticism does, however, have certain characteristics that distinguish it from the preceding age of Enlightenment. Where the Enlightenment emphasized objectivity and reason, Romanticism looked to the more subjective and irrational parts of human nature: emotion, the imagination, genius, introspection, our response to the natural world.

The Romanticism age produced an extraordinary wealth of writes, artists and composers throughout Europe-in literature, figures such as Goethe, Rousseau, Pushkin and Hugo; in art, Turner, Constable, Delacroix, Gericault and Friedrich; and in music, Beethoven, Schubert and Berlioz.

In English poetry there were six outstanding figures; William Blake, William Wordsworth, Samuel Taylor Coleridge from the first generation, and George Gordon Byron, Percy Bysshe Shelley, John Keats from the second. These writers-none of whom would have thought of himself as a Romantic poet- produced varied and individually very distinctive work. They shared, nevertheless, a feeling that they were contributing to a period of enormous political, social and intellectual change, 'The literature of England', wrote Shelly in A Defence of Poetry, "has arisen as it were from a new birth... we live among such philosophers and poets as surpass beyond comparison any who have appeared since the last national struggle for civil and religious liberty.'

낭만주의 시기는 1789년 프랑스혁명에서 1837년 빅토리아 여왕의 대관식 사이의 시대를 폭넓게 말한다. 단일화 되지도 않고 자의식이 강한 운동도 아니었지만 규범을 부정했다. 그러나 낭만주의는 전시대의 계몽주의와 구별되는 특징을 분명히 가지고 있다.

계몽주의가 어느 곳이나 목적과 이유를 강조하지만, 낭만주의는 인간의 천성, 보다 주관적이고, 지적이 아닌 부분을 보는 듯하다. 즉 정서, 상상, 천재, 내성, 자연계에 대한 반응 등.

낭만주의 시대는 전 유럽에 탁월한 작가, 미술가, 작곡가를 많이 배출했다. 문학은 괴테, 루소, 푸스킨, 유고, 미술은 터너, 컨스터볼, 들라쿠르아, 제리코와 파르다비트, 음악은 베토벤, 슈벨트와 베를이 있다.

영국에는 특출한 낭만주의 시인들이 6명 있다. 윌리암 브레이크William Blake, 윌리암 워즈워드William Wordsworth, 사무엘 테일러 코울리지Samuel Taylor Coleridge가 첫째 세대에 속하는 시인들이다. 조지 고든 바이런George Gordon Byron, 퍼시 비시 셀리 Percy Bysshe Shelley, 존 키츠John Keats가 둘 째 세대다. 이들 작가들은 아무도 그 자신을 낭만주의 시인이라고 생각하지 않고 다양하고 개별적인 독특한 시를 썼다. 그렇지만 거대한 정치적, 사회적, 짓적 변화에 공헌하는 정서를 공유했다. 영국 문학은 시의 방위A Defence of Poetry에서 셀리에게 다음과 같이 썼다. 마치 새로운 태동 같다고나 할까. 최근의 문명과 종교, 자유에 대한 국가적인 투쟁이래로 표출된 어느 누구도 비교할 수 없는 그러한 철학자들, 시인들과 살고 있다.

# 푸블리우스 베르길리우스 마로

Publius Vergilius Maro.

영어: Vergil 버질, 기원전 70년 - 기원전 19년

■ BC 31년 9월 2일. 악티움 해전: 옥타비아누스의 함대가 마르쿠스 안토니우스와 이집트의 클레오파트라 여왕의 연합군을 물리치다.

[출처] 서양의 시성, 베르길리우스

# 푸블리우스 베르길리우스 마로

**Publius Vergilius Maro. 영어: Vergil 버질, 기원전 70년 - 기원전 19년)**

세계 3대 미항으로 이름도 유명한 나폴리에 2014년 6월에 가서 이틀 밤을 잤으면서 베르길리우스Vergil(기원전 70년 10월 15일 - 기원전 19년 9월 21일)의 무덤이 나폴리에 있는 사실을 까맣게 몰랐다. 내가 가지고 있는 여행안내서에는 그런 사실이 밝혀져 있지 않았다. 그러니 바로 옆에 그의 무덤을 두고 찾지 않은 것은 대단히 잘 못한 일이었다.

단테의『신곡』에서 베아트리체의 부탁을 받고 지옥과 연옥을 거쳐 천국의 문 앞까지 시인을 이끌어주는 베르길리우스가 그렇게 유명한 버질인지도 몰랐다. 그래서 나와 같이 우를 범할 광관객이 있을 것 같아 백과사전과 인터넷을 뒤져 버질에 대해서 기록해보기로 했다.

영어식 발음으로는 버질, 베르길리우스는 로마의 최고의 시인. 서사시『아이네이스Aeneid』로 유명하다. 이 작품은 베르길리우스가 38세 되던 해에 로마의 통치자가 된 아우구스투스(옥타비아누스) 시대의 평화와 이상을 그린 작품이다.

이야기의 주제와 연대가 선배 시인인 호메로스의『일리아스』『오디세이아』와 매우 가까우므로 유사한 점이 많다.

베르길리우스는 BC 70년에 시골인 안데스에서 태어났고 BC 19년 브룬디시움에서 죽었다. 그는 몸이 약하고 수줍어서 정치가나 군인으로 출세하기는 어려워서 결혼도 하지 않고 전 생애를 시작 및 관련연구에 바쳤다고 한다.

그의 대표작『아이네이스』는 전해지는 이야기에 따르면 베르길리우스의 마지막 소원은 그것을 태워버리라는 것이었으나 이 시의 주인공이고 베르길리우스의 후견인 인 황제 아우구스투스가 이를 저지했다고 한다.

이 작품은 아우구스투스 시대의 로마가 품었던 이상과 국민적 성취의 기념비인 동시에, 영광뿐 아니라 '사물에 베인 눈물'을 알고 있었던 시인의 고독하고 감수성 깊은 운문의 기념비이다.

베르길리우스의 시는 로마에서 즉시 유명해졌고 로마인들의 찬탄을 받았는데 거기에는 다음 두 가지 이유가 있다고 한다.

첫째, 그는 그들의 국민 시인으로서 그들 자신의 이상과 성취를 대변해주는 것으로 생각되었다.

둘째, 그는 시 예술(구성·어법·운율 등)의 최고 경지에 이르렀다 고 여겨졌다.

그는 이 작품 말고도 여러 편의 작품을 썼다.

베르길리우스에 관해서 더 이상 기술할게 없어서 이탈리아 문학에 대해 알아보고자 한다. 이탈리아 문학은 한국에서 좀 소외된 감이 있다. 그러나 이탈리아 문학은 유럽문학의 적통이다.

라틴문학은 BC 3세기 말부터 제정 말기에 이르는 고대 로마의 문학, 초기(BC 3~BC 2세기)에는 그리스 문학의 영향 아래 독자적인 특색을 지니게 되었다. 우선 에니우스의 번역극, 로마 연대기 등이 나오고, 플라우루스,테렌티우스 등의 번안 희극으로 개화되었다. 그 밖에 루킬리우스는 풍자시에서 특색이 발휘되었다. 공화정 말기(BC 1세기~BC40년대) 에는 루크레티우스의 서사시, 카룰루스의 서정시, 키케로의 법정 변론과 수사론, 철학론, 카이사르의『갈리아 전기』, 살루스티우스의 역사 기술이 대표적인 것이다. 아우구스티우스시대(BC 40~AD10년대)에 이르러서는 호라티우스, 베르길리우스 등의 궁전 시인, 티불루스, 프로페르티우스, 오비디우스 등의 시인, 역사가 리비우스 등이 배출되었다.제정기 말기에는 네로 황제 치하에 비극 작가 세네카, 서사시인 루카누스, 역사가 티키투스, 그리고 1세기 후반에 풍자시인 유벨날리스도 활약하였다. 또한 퀸틸리아누스의 저술도 있다.

출처- 중앙백과 사전 1995년 중앙일보사 p 537

이태리문학: 이탈리아 어로 써진 문학작품의 총체. 르네상스기 이전에는 거의 모든 문학 작품이 성직자 교육을 받은 작가들에 의하여 라틴어로 기록되다가 13세기에 비로소 방언을 사용한 본격적인 문학 작품이 써지기 시작하였다.BC 8세기부터 12세기에 이르는 2000년에 걸친 고대 그리스, 로마 문학의 흐름을 직접 계승한 이탈리아 문학은 유럽 고전문학의 전통을 유지하였으며, 언제나 고전으로의 회귀를 도모하여 왔다. 따라서 이탈리아 문학의 흐름은 고대 그리스, 로마 문학의 기초를 이루는 서사시와 서정시의 두 축을 중심으로 전개되었다. A. 단테 G. 보카치오 등이 풍부한 서사전통을 이어받은 작가들이며 , F. 페트라르카를 정점으로 하는 서정시의 세계는 20세기까지 이탈리아 문학의 문체이었다.20세기 이탈리아 문학을 특징짓는 것은 웅가레티, 콰시모도 등의 시 사상을 일컫는 '에르메티스모'(순수시운동)와 모라비아의 작품에서 볼 수 있는' 네오레알리스모'(신사실주의) 이다.

출처- 중앙백과 사전 1995년 중앙일보사 p 1477

이탈리아 문학은 유럽문학에서 소외된 감이 있다. 그러나 알고 보면 이탈리아 문학도 세계문학으로 손색이 없다. 이탈리아 어로 쓴 작가의 노벨문학상 수상자는 6명이다. 명단과 수상작은 다음과 같다.

| | | | |
|---|---|---|---|
| 1906년 | 조수에 카르두치 | 이탈리아어 | 레비아 그라비아(시) |
| 1926년 | 그라치아 델레다 | 상동 | 엘리아스 포루투주(소설) |
| 1934년 | 루이지 피란델로 | 상동 | 나는 고故 마티오 파스칼리오(소설) |
| 1959년 | 살바토레 콰시모도 | 상동 | 인생은 꿈이 아니다(시) |
| 1975년 | 에우제니오 몬탈레 | 상동 | 폭풍과 기타(시) |
| 1997년 | 다리오 포 | 상동 | 교황과 마녀(희곡) |

# 베나치아의 페기구겐하임미술관

## Collezione Peggy Guggenheim

"For Your Eyes Only. A Private Collection, From Mannerism to Surrealism"

〈베나치아의 페기구겐하임미술관 입구〉

■ 페기구겐하임미술관 입구

■ 페기 구겐하임의 사진

■ 바바라 헵워즈의 〈싱글 포름Single Form〉

■ 데미 무어의 Three Standing Figures

■ 페기의 무덤-하단 남색덮개

■ 페기가 키우던 개의 무덤

# 베나치아의 페기 구겐하임 미술관

Collezione Peggy Guggenheim

구겐하임 미술관은 뉴욕에 있는 솔로몬 구겐하임 미술관을 말하지만 특이하게 분점으로 베네치아의 페기 구겐하임 미술관과 빌바오 구겐하임 미술관, 베르린 구겐하임 미술관 등이 있다.

뉴욕 구겐하임 미술관은 고대 바빌로니아 피라미드 사원인 지구라트를 모방하여 창안한 프랑크 로이드 라이트Frank Lloyd Wright, 1867~1959의 작품이라는데 건물이 과 분수처럼 위쪽이 넓고 아래쪽이 좁은 달팽이의 나선형 건물이다.

세잔, 고갱, 마네, 고흐 등 후기 인상파 화가들의 작품들과 피카소, 샤갈, 클레, 칸딘스키의 작품 등 수백여 점을 소장하고 있다.

2009년 9월 29일 뉴욕의 구겐하임 미술관에 갔으나 시간이 늦어 내부는 보지 못하고 건물만 보았다. 이에 대한 아쉬움이 있다. 2014년 6월 5일 빌바오에 가서 구겐하임 미술관을 보았다.

스페인의 빌바오에 있는 구겐하임 미술관은 건물은 프랭크 게리Frank Gehry의 아방가르드 건물이라 뉴욕의 건물과 같이 미술관 건물 자체가 예술품 이었다.

빌바오 미술관 앞에 추상표현주의 조각가 루이스 부르주아Louise Bourgeois1911-2010의《거미》가 있고 제프 쿤스Jeff Koons1955~의 《퍼피Puppy》등 설치 미술품이 독특했다. 미술관 주위의 바다를 낀 산책로는 더 할 수 없이 아름다웠다.

그러나 내부에는 아직 미술품을 전시해 놓지 않아 실망했다. 베르린의 구겐하임 미술관은 유명하지 않은지 어디에도 소개되지 않아 가볼 생각조차 못했다.

내가 베네치아의 페기 구겐하임 미술관Collezione Peggy Guggenheim에 가보고 싶었던 것은, 근 현대에 걸쳐 최대 최고의 미술품 수집가인 페기 구겐하임의 미술관이기에 더욱더 흥미를 느꼈다.

이 미술관에는 잭슨 폴록의 그림이 있다. 미국의 추상표현주의 작가뿐 아니라 미국 미술이 유럽에서는 외면당하는 것을 많이 보아왔다. 그런데 그 폴록의 그림이 거기에 있다는 것이었다. 페기 구겐하임이 미국인이라 전시해 놓았는지 전시해 놓았다면 추상표현주의 작가들의 그림을 얼마나 전시해놓았는지 궁금했다.

베네치아 구겐하임 미술관 출입구에 다음과 같은 문구가 눈길을 끌었다.

"For Your Eyes Only. A Private Collection, From Mannerism to Surrealism"

정원에는 담벽 아래에 이 미술관 주인인 페기의 초라한 무덤이 있었다. 그 옆에는 그녀가 사랑했던 14마리의 개 무덤도 있었다. 영국의 모던이즘 여류 조각가 바바라 헵워스Barbara Hepworth의《싱글 포름Single Form》이 그녀의 공덕을 기리는 비석 같이 정원에 서있었다. (그림 p.103에 있음)

자료를 찾아보니 '페기 구겐하임'1898-1979은 20세기 현대미술계의 전설적인 컬렉터 이다.

> 이 건물은 18세기 중반의 건축가 로렌초 보스체티Lorenzo Boschetti가 설계한 팔라초 베니에르 데이 레오니Palazzo Venier dei Leoni를 매입해 1979년 그녀가 사망할 때까지 30여 년간을 그곳에서 살았다. 그녀의 사망 후 소장품들은 전부 뉴욕 구겐하임 미술관에 기증되었으며, 이후 그의 저택은 구겐하임 미술관의 베니스 분관으로 '페기 구겐하임 미술관 The Peggy Guggenheim Museum'이라는 공식명칭을 얻어 운영되고 있다.
>
> -←네이버 지식백과→ 페기 구겐하임Peggy Guggenheim (두산백과)

안으로 들어가자 피카소Picasso의 《해변에서La Baignade on the Beach》 라는 그림이 눈에 들어왔다. 이 미술관의 가장 좋은 점은 사진 촬영이 허용된다는 점이었다. 과연 미국의 추상표현주의 대표화가 잭슨 폴록Jackson Pollock의 그림이 6점이나 있었다.

그의 난해한 그림 6점은《The Moon Woman(1942)》《Two(1943-45)》《Eyes in the Heat(1946)》《Direction》《마법의 숲Enchanted Forest》《Circumcision》이다. 이어서 초현실주의 화가 다비드 해어David Hare의《달 케이지Moon Cage (Window of Moon)》, 추상표현주의 선구자 아쉴 고르키Arshile Gorky의《무제Untitled》, 색면 추상의 화가 크리포드 스틸Clyfford Still의《Jamais》, 4각형의 추상화가 마크 로스코Mark Rothko의《희생Sacrifice》, 추상표현주의 화가 윌리엄 바지오트William Baziotes의 《낙하산The Parachutists》, 역시 추상표현주의 화가 로버트 마더웰Robert Motherwell의《인물Personage》등을 차례로 보았다.

■ 폴록의 〈The Moon Woman1942〉

■ 폴록의 〈Two1943-45〉

■ 폴록의 〈Eyes in the Heat1946〉

■ 폴록의 〈Direction〉

■ 폴록의 〈Enchanted Foest〉

■ 폴록의 〈Circumcision〉

■ 피카소의 〈해변에서[La Baignade on the Beach]〉

■ 다비드 해어의 〈달 케이지[Moon Cage]〉 Windows of Moons

■ 아쉴 고르키의 〈무제[Untitled]〉

■ 스틸의 〈결코 본적이 없다〉 Jamais

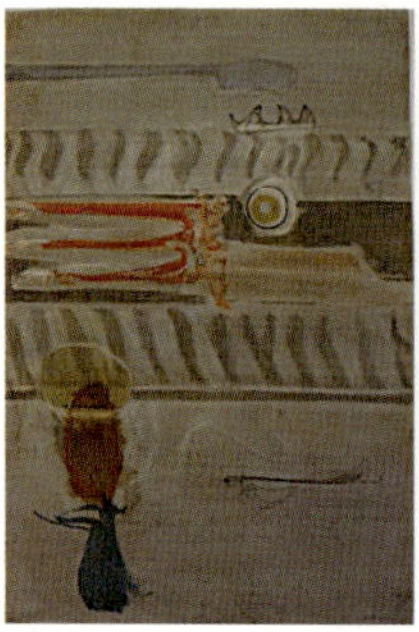

■ 마크 로스코Mark Rothko의 〈희생Sacrifice〉

■ 윌리엄 바지오트의 〈낙하산The Parachutists〉

■ 로버트 마더웰의 〈인물Personage〉

페기의 요절한 딸, 페긴 베일Pegeen Vail의 그림 9점이 전시되었다. 페긴의 작품은 여성스럽고 독특했다. 첫 번째 그림 뒤에 딸의 죽음에 대한 애끊는 엄마의 다음과 같은 글이 있었다.

My darling Pegeen, who was not only a daughter, but also a mother, a friend and a sister to me... Her untimely and mysterious death left me quite desolate. There was no one in the world I loved so much. I felt all the light had gone out of my life. Pegeen was a most talented primitive painter. For years I had fostered her talent and sold her paintings. She was just beginning to have a real success, having shows that winter in Canada, Stockholm and Philadelphia"

From Peggy Guggenheim, out of This Century, London, 1979.

내 딸이며 엄마고 친구고 자매인 내 사랑하는 페긴. 그 애의 불시의, 불가사의한 죽음은 나를 절대 고독으로 떨어지게 했다. 이 세상에서 딸애만큼 사랑한 사람은 아무도 없다. 내 삶에서 모든 영광은 사라졌다. 페긴은 가장 탁월한 천부의 화가였다. 수년간 그녀의 재능을 길렀고 그녀의 그림을 팔았다. 딸애는 캐나다, 스톡홀름, 필라델피아에서 원숙기를 보여주면서 진실한 성공을 꽃피울 시기이었다.

■ 페긴 베일Pegeen Vail의 그림

■ 페긴 베일Pegeen Vail의 그림

■ 페긴 베일Pegeen Vail의 그림

■ 페긴 베일Pegeen Vail의 그림

■ 페긴 베일Pegeen Vail의 그림

■ 페긴 베일Pegeen Vail의 그림

■ 페긴 베일Pegeen Vail의 그림

■ 페긴 베일Pegeen Vail의 그림

■ 페긴 베일Pegeen Vail의 그림

이어서 칠레 초현실주의 추상표현화가인 로베르토 세바스티안 마타Roberto Sebastian Matta의《언 노미내이토 리노미내이티드The Un-Nominator Renominated》, 페기의 남편이며 독일 태생의 다다이스트이고 초현실주의 화가이며 시인인 막스 에른스트Max Ernst의《대립교환The Antipope》과《태양, 술꾼, 그리고 뱀Sun, Drinker, and Snake》, 초현실주의 화가 주안 미로Joan Miro의《그림Peinture(Painting)》, 추상표현주의 화가 한스 호프만Hans Hofmann의《캡 코드의 샘Spring on Cape Cod》, 제 2세대 추상표현주의 화가 조안 미첼Joan Mitchell의《구성Composition》, 앵포르멜Informel의 대표화가 알베르토 베리Alberto Burri의《Bianco B》, 독일의 신표현주의 작가이자 조각가인 안젤름 키퍼Anselm Kiefer의《금발의 마가렛트Dein Goldenes Haar Margarete》의 그림을 보고 정원으로 나왔다.

■ 로베르토 세바스티안 마타의 〈언 노미내이트 리노미내이티드The Un-Nominat or Renominated〉

■ 막스 에른스트의 〈대립 교황The Antipope〉

■ Max Ernst의 Sun, Drinker, and Snake

■ Joan Miro 〈Painting〉

■ Hans Hofmann 〈Spring on Cape Cod〉

■ Joan Mitchell 〈Composition〉

■ Alberro Burri 〈Bianco B〉

■ Anselm Kiefer 〈Dein Goldenes Haar Margarethe〉

눈의 피로를 풀기위해 정원에 나갔다. 예사롭지 않은 조각들이 많았다. 앞에서 말한 조각들 이외에, 아래 4 조각도 있었으나 작가의 이름이나 설명문을 담아오지 못했다.

미국의 아방가르드 화가 모리스 루이스Morris Louis의 〈#48〉, 미국 미니멀아트의 대표 주자 프랭크 스텔라Frank Stella의 〈Cray Scramble〉, 프랑스 바로크 시대 화가 프랑스아 드 노메Francois de Nome의 〈성녀의 순교Martyrdom of a Female saint〉, German Master의 〈Vulcan and Ceres*〉, 이탈리아의 기하학적 평면

과 색과 빛의 추상화가 아프로 바살델라Afro Basaldella의 〈Paese Giallo〉, 이탈리아의 공간파 화가 루치오 폰타나Lucio Fontana의 〈Concetto Spaziale〉, 신표현주의 화가 사이 톰볼리Cy Twombly의 〈Untitled〉, 미국의 초현실주의 화가 커트 셀릭만Kurt Seligmann의 〈교두보13번bridgehead no. 13〉, 미국의 사진작가이며 서양화가인 만 레이Man Ray의 〈In the Moonlight〉, 벨기에의 데페이즈망 기법의 초현실주의 화가 르네 마그리트Rene Magritte의 〈The Red Model〉, 막크 토미Mark Tobey의 〈Trembling Space〉

* 로마의 신들 Vulcan헤파이스토스-대장간의 신 and Ceres데메테르-농업의 여신

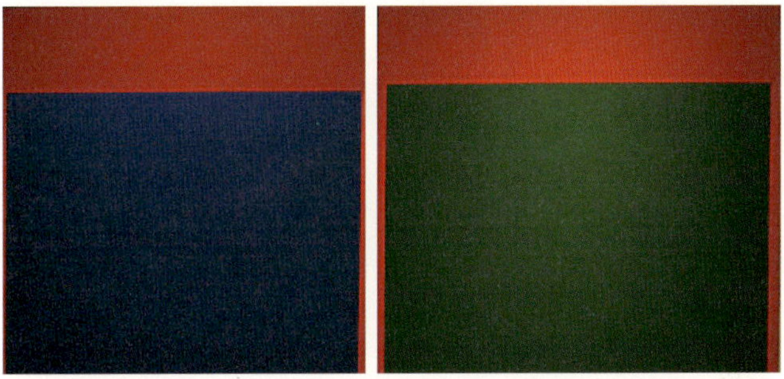

■ Morris Louis 〈#48〉

■ Frank Stella 〈Cray Scramble〉

■ Francois de Nome 〈Martyrdom of a Female saint〉

■ German master 〈Vulcan and Ceres〉 ■ Afro 〈Paese Giallo〉

■ Lucio Fontana 〈Concetto spaziale〉 ■ Cy Twombly 〈Untitled〉

■ 〈커트 셀릭만Kurt Seligmann의 〈교두보 13번bridgehead no. 13〉 ■ Man Ray 〈In the Moonlight〉

■ Rene Magritte 〈The Red Model〉

■ Mark Tobey 〈Trembling Space〉

초현실주의 화가 살바도르 달리Salvador Dali의 긴 그림 제목의《이해할 수 없는 5m 길이의 손잡이를 가진 날라다니는 거대한 찻잔Flying Giant Demi Tasse with Incomprehensible Appendage Five Meters Long》, 빅터 부라우Victor Brauner의《심리학 공간Psychological Space》, 커트 셀리그먼Kurt Seligmann의 《균형Balancement》, 이브 탕기Yves Tanguy의《무한 가분성(?)Elle fut Douce》, 상징주의 화가 귀스타브 모로Gustave Moreau의《가니메데스의 유괴The Abduction of Ganymede》, 이탈리아 출신 '트랜스 아방가르드' 화가 프란체스코 클레멘테Francesco Clemente의《그것It》과 《오리Swan》 등 뉴욕에 있는 구겐하임 미술관과 같이 현대미술의 보고가 바로 이곳인 것 같았다.

**Victor Brauner** (also spelled Viktor **Brauner**; 15 June 1903 – 12 March 1966) was a Romanian Jewish sculptor and painter of surrealistic images. He was born in Piatra Neamţ, Romania, the son of a timber manufacturer who subsequently settle...

**Kurt** Leopold **Seligmann** (1900–1962) was a Swiss-American Surrealist painter and engraver. He was known for his fantastic imagery of medieval troubadors and knights engaged in macabre rituals and inspired partially by the carnival held an...

■ Victor Brauner 〈Psychological Space〉

■ Salvador Dali 〈Flying Demi-Tasse with Incomprehensible Appendage Five Meters Long〉

■ Kurt Seligmann 〈Balancement〉

■ 이브 탕기Yves Tanguy의 〈무한 가분성(?)Elle fut Douce〉

■ 구스타브 모로Gustave Moreau 〈The Abduction of Ganymede〉

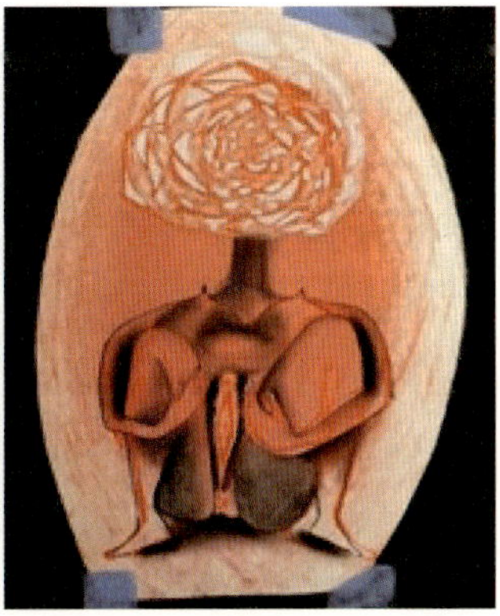

■ 프란체스코 클레멘테의 〈그것It〉

■ Francesco Clemente 〈The Swan〉

페기 구겐하임 미술관은 규모는 작은 미술관이었다. 그러나 유럽에 와서 영국, 프랑스, 스페인, 이태리, 독일, 네덜란드 등을 돌아보면서 여러 미술관을 관람했지만 현대미술에 대하여 가장 알찬 미술관이었다. 세계 최고라는 미술관은 너무 크고 많은 작품들이 전시되어 있고 성화가 대부분이라 지루했고 하루 이틀에 보기에는 벅찼다.

현대미술은 난해하다. 모르겠다. 라고 말하는 것이 상식화된 현실이다. 미술을 전공하거나 화가들은 그런 말은 하지 않겠지만. 일반인들에게는 이해할 수 없는 사건이 일어났다.

가장 혼란을 준 것은 20세기 미술의 아이콘으로 꼽히는 뒤샹의 변기 사건이다. 이어서 그는 레디메이드Ready-made를 고안하여 현대미술의 전환점을 제시했다. 이것은 Anti-Art의 전형이다.

현대미술을 이해하기 위해서 서양미술사를 읽다보면 표현주의 라는 낱말이 자주 나온다. 추상 표현주의, 구상 표현주의 독일 표현주의 신 표현주의 등이다.

표현주의를 이해하면 미술의 흐름을 조금은 이해할 수 있다. 현대미술에 대하여 천박한 지식이지만 조금 설명하고자 한다.

미술사에 격변을 일으킨 것은 다름이 아닌 카메라의 등장이다. 카메라는 직전의 미술의 기능인 재현을 무력화시켰다. 아무리 뛰어난 사람일지라도 기계보다 더 정확하게 사물을 재현 할 수는 없기 때문이다.

그러니까, 이전의 미술, 고전파, 낭만파, 사실파, 자연파의 그림은 이미지 재연에 초점을 주었는데, 카메라로 인하여 생명을 잃게 되었다. 더 구체적으로 이야기한다면 자연을, 인물을, 역사를, 종교를 그리는 것은 카메라로 인하여 미술로서 가치를 상실하게 된 것이다.

인상파, 야수파, 표현파, 입체파인 고흐, 고갱, 샤갈, 뭉크는 색체와 빛, 선, 형태에 감정과 감각을 넣기 시작했다. 이들을 일반적으로 표현주의 선구자라고 말한다.

뭉크는 니체와 키엘케골의 철학서적을 많이 읽었다. 그리고 그의 대표작 《절규》를 그렸다. 그는 20세기 대표적인 표현주의 화가로 평가되고 있다.

뉴욕을 중심으로 일어난 미술 사조를 추상표현주의 이라고 한다. 추상표현주의 미술은 미술의 중심지를 유럽의 파리에서 미국의 뉴욕으로 가지고 온 대단한 미술사조이다. 이 추상표현주의 대표 미술가가 잭슨 폴록이다. 그는 액션 페인팅 수법으로 그림을 그렸다. 물감을 흩뿌려 그리는 방법이다. 이러한 그림이 한 때는 최고의 비싼 값으로 팔렸다.

한 전문가는 폴록의 작품에 대하여 이렇게 말했다. “회화만이 가지고 있는 애매성을 극대화하게 표현한 것이라고, 사색이 소용없다” 고 나도 이 말에 동의한다.

프랑스의 장 뒤뷔페와 영국의 프랑시스 베이컨 등은 실존주의 영향을 받아 고립과 갈등, 내면을 표현하는 추상작업을 전개하여 전후 파리 화단의 중심이 되었다. 이를 구상표현주의, 유럽의 앙 포르멜이라한다.

하늘 높은 줄 모르게 치솟던 추상표현주의도 여러 분파로 나누어진다. 처음 등장한 것이 색면추상이다. 그들은 액션 페인팅에서 선회한다. 그들은 액션 페인팅 대신 color field painting으로 선회한다.

다음은 하드 에지hard edge이다. 1948년 요원의 불길처럼 일어난 추상표현주의도 10년을 넘기자 이탈자들이 불어나기 시작했다. 프랭크 스텔라, 요셉 알버스들은 추상표현주의에서 표현을 버렸다.

미니멀리즘은 추상표현주의의 과장된 감성과 팝의 천박함에 반발하여 일어난 사조이다. 개성과 소비주의를 팽개친 그들에게 남은 것은 차갑고 기하학적인 형태뿐이었다. 도널드 저드, 프랑시스 이브 클랭 등의 화가들이 있다.

보이지 않는 시각미술-개념미술

창의적인 아이디어를 중시하는 미술. 미술은 독창적 개념에 있는 것이지 실재의 작품에 있는 것은 아니다. 미니멀리스트들이 그들의 작품 속에서 이미지, 개성, 감성, 메시지, 수공예적 격을 제거해버렸다면 개념미술가들은 여기서 한 단계 더 나가 미술작품 형식을 추방해버렸다. 이렇게 되자 남는 것이 무어가 있나?

추상표현주의 이후 미술은 미술이기를 포기하는 극단적인 방향으로 흘러갔다.

이에 미술을 다시 찾자는 운동이 일어났다. 이것이 독일표현주의이다.

# 베로나의 쥬리엩 기념관

■ 쥬리엩의 집 입구 양쪽 벽에 낙서

■ 수없이 많은 사랑의 하소연

■ 셰익스피어

■ 안젤로 달콧 비앙카의 〈로오미오와 쥬리엩의 죽음〉

2014. 7. 1

# 베로나의 쥬리엘 기념관

베네치아에서 밀라노로 길을 떠나면서 『로오미오와 쥬리엘』의 무대가 된 베로나Verona에 가서 기념관과 줄리엣의 동상을 볼 예정이다. 내비에 『로오미오와 쥬리엘』과 밀라노의 호텔 주소를 입력했는데 둘 다 잘 되었다. 고속도로는 바로 연결되었다.

멀리 산이 나타났지만 아직도 평야지이고 밭은 포도원 일색으로 바뀌었다. 베로나는 그리 멀지 않았다. 베로나는 역사적인 유적이 많아 도시가 2000년에 유네스코 문화유산으로 등재되었다.

요금 2유로를 내고 도로 옆에 주차 하고 쥬리엘 기념관을 찾았다. 여러 사람에게 물어서 찾아갔다. 기념관 입구에 도착하니 사람들이 운집해있었다. 통로 양쪽 벽에는 낙서가 빽빽했고 수많은 하트가 그려져 있었다. 어떤 남자들은 애인이나 다 큰 딸을 목말 태워서 하트를 그리게 하고 있었다. 사랑에 민감한 젊은이들이 대부분이지만 늙은이들도 더러 있었다. 의외로 동양 사람들이 많았다. 대부분은 중국 사람들이었다.

철문엔 영원한 사랑을 기원하는 자물쇠가 빼곡했다. 지난 2009년부터는 결혼식장으로도 쓰인단다. 국적에 따라 600~1000유로(약 85만~140만원)를 받는데, 이용률은 꽤 높은 편이란다. 가이드 이리나 펠레파(여·21)씨는 "매주 토요일마다 4~5쌍이 이곳에서 결혼식을 올린다."고 말했다.

■ 사랑은 자물통으로

■ 쥬리엘의 동상

■ 로오미오와 쥬리엘에게 꽃다발을

■ 타노 Chierici의 〈로오미오와 쥬리엘〉

■ 위에서 본 광장

■ 쥬리엩의 가슴을 만지는 관광객

■ 목말태우기

쥬리엩의 동상이 정원에 있었는데 동상 뒷벽에는 수많은 쪽지가 꼬쳐있었다. 쥬리엩의 왼쪽 젖가슴이 하도 만져서 윤이 났다. 그곳을 만지면 사랑을 얻는다는 속설이 있다. 오늘도 젊은이들이 줄을 서서 동상의 왼쪽 유방을 만지고 있었다. 사진을 몇 장 찍고 기념관으로 들어갔다. 기념관은 목조건물이었다. 오륙 층 쯤 되는데 여러 전시실이 있었다. 처음 눈에 들어온 것은 앞 정원에 있는 것과 똑같은 크기의 쥬리엩의 동상이었다. 그리고 셰익스피어의 흉상도 전시해 놓았다. 다른 방에는 이탈리아 화가인 안젤로 달콧 비앙카 Angelo Dall'Oca Bianca (1858 in Verona – 1942)의 《로오미오와 쥬리엩의 죽음》과 《피아자 델 에르베 View of Piazza Erbe with the Column of St. Mark》 그림이 있었고 역시 이탈리아 화가인 타노 Chierici의 《로오미오와 쥬리엩》의 그림도 인상적이었다. 연극 대본 등이 판넬로 정리되어 걸려있었다. 로미오와 줄리엣이 입던 옷과 그 시대의 도기 등도 전시되었는데 아직은 빈약했다.

많은 관광객이 몰리는 것을 보니 문학 작품의 위력을 실감할 수 있었다.

『로오미오와 쥬리엩Romeo and Juliet』은 윌리엄 셰익스피어의 초기 비극이다. 햄릿과 함께 가장 많이 공연되었으며 지금도 여전히 공연되고 있다. 두 주인공은 젊은 연인의 전형으로 자리 잡았다. 희랍의 비극이 운명 비극이라면 셰익스피어의 비극은 성격비극이라고 한다.

부록에 ACT 5, SCENE 3. A churchyard; in it a tomb belonging to the Capulets.

제 3장 베로오나, 카푸렡집의 무덤이 있는 묘지

(세계문학전집 3 정음사 번역: 김재남)

올려 놓았다. 참고하기 바란다.

세계 위인의
생가를 찾아서

# 르네상스Renaissance 시기의 3대 거장

## 레오나르도 다 빈치, 미켈란젤로, 라파엘로

Leonardo di ser Piero da Vinci(1452년 4월 15일~1519년 5)
Michelangelo di Lodovico Buonarroti Simoni1475년 3월 6일~1564년 2월 18일)
Raffaello Sanzio da Urbino(1483년 4월 6일~1520년 4월 6일)

■ 레오나르도 다 빈치의 〈최후의 만찬〉

■ 미켈란젤로의 〈최후의 심판〉

■ 라파엘로의 〈성체논의 중〉

2014. 7. 3.

# 레오나르도 다 빈치

르네상스 시대의 3대 화가는 알만 한 사람은 다 안다. 그리고 미술사 책에서 맨 먼저 소개되는 사람이 레오나르도 디 세르 피에로 다 빈치Leonardo di ser Piero da Vinci(1452년 4월 15일 ~ 1519년 5)이다. 아버지는 변호사, 어머니는 농부의 딸이고 그는 혼외자로 출생하였다. 이래서인지 그의 빛나는 업적에도 무시를 당했다. 그는 결혼하지 않고 독신으로 살았다. 일반적으로 이탈리아 르네상스를 대표하는 근대적 인간의 전형이라고 평가하고 있다. 그는 화가이자 조각가, 발명가, 건축가, 기술자, 해부학자, 식물학자, 도시 계획가, 천문학자, 지리학자, 음악가....등등으로 19가지 전문가이었다. 그래서 그를 이 세상에 태어난 사람 중에서 제1의 천재라고 하는 것 같다. 실제로 IQ가 제일 높단다.

그는 프랑스 엉부와스Chapel of Saint-Hubert에서 67세로 죽었다. 그의 작품 전시 장소는 암브로시아나 도서관, 루브르 박물관이다.

암브로시아나 미술관은 밀라노에 있는 미술관이다. 다 빈치의 그림 1,750점을 소유하고 있단다.

■ 박물관 입구

■ 입구의 〈모나리자〉

■ 〈인체해부도〉

■ 다 빈치의 〈헬리곱터 설계도〉

■ 다 빈치의 책

■ 〈비트루비우스의 인체 비례〉

■ 다 빈치의 대포

# 미켈란젤로 디 로도비코 부오나로티 시모니

Michelangelo di Lodovico Buonarroti Simoni 1475년 3월 6일 - 1564년 2월 18일: 몰락한 귀족의 후예이다. 89세 까지 장수를 누린 예술가이다. 못생기고 괴팍한 천재이다. 르네상스 시대 이탈리아의 대표적 조각가, 건축가, 화가, 그리고 시인이었다. 그가 남긴 작품은

건축물 : 성 베드로 대성전 , 산 로렌초 성당 , 메디치 예배당
조각은 : 다비드 상. 피에타.
그림은 : 시스티나 천정화. 최후의 심판. 천지창조 등이 있다.

성베드로 대성당은 그 말고 많은 건축가들이 동원되었다. 엄밀히 말해서는 그의 순수한 작품이라고 말할 수 없다. 다음이 이 성당의 건축에 관여한 건축가들이다.

도나토 브라만테(1506~1513)
줄리아노 다 상갈로(1513~1515)
프라 조콘도(1513~1515)
라파엘로 산치오(1514~1520)
발다사레 페루치(1520~1527)
안토니오 다 상갈로(1520~1546)
미켈란젤로 부오나로티(1547~1564)
자코모 델라 포르타(1585~1602)
카를로 마데르노(1602~1629)
잔 로렌초 베르니니(1629~1674)

■ 바티칸에 있는 성 베드로 대 성당

■ 성 베드로 대 성당 내부

피렌체의 아카데미안 미술관에서《다비드 상》을 보았다.《다비드 상》은 우피치 미술관 앞에도 있다. 미켈란젤로가 1501년과 1504년 사이에 조각한 대리석상으로, 높이는 5.17m이다.《아카데미아 노예상》도 보았다. 우피치 미술관에서 미켈란젤로의《수태고치》를 보았다.

그런데 로마와 이태리에 가보면 우리가 생각하는 것과 좀 다른 인상을 받는다.

■ 성 베드로 성당의 〈피에타〉

■ 〈다비드 상〉

■ 미켈란젤로의 천장 화

로마에서 다 빈치는 존재가 좀 희미한 편이다. 반면에 미켈란젤로와 라파엘로는 여러 곳에서 업적이 대단했다. 성 베드로 성당St Peter's Basilica에는 그 유명한 미켈란젤로의《피에타》가 있다. 바티칸 미술관에 가면 시스티나 예배당Sistine Chapel과 라파엘로의 방Staze di Rafaello이 있다. 시스티나 예배당은 천장화가 온통 미켈란젤로의 그림이다. 또 한 벽면을 가득 채운《최후의 신판》이 있다. 또한 보디첼리Botticelli, 기틀란타요Domenico Ghirlandaio, 핀투리키오Pinturicchio, 시뇨렐리Luca Signorelli 등 르네상스 시기의 거장들의 작품은 있으나 레오나르도 다 빈치의 작품은 거의 없다.

■ 천지창조

## 라파엘로 산치오 다 우르비노

Raffaello Sanzio da Urbino1483년 4월 6일 ~ 1520년 4월 6일

라파엘로 산치오 다 우르비노는 르네상스 시대 이탈리아의 화가이다. 흔히 라파엘로 불린다. 《아테네 학당》을 그린 것으로 유명하다. 《아테네 학당》은 에피쿠로스, 피타고라스, 안티스테네스 등 고대 그리스의 학자가 학당에 모인 것을 상상해서 그린 그림이다.

37세의 젊은 나이에 로마에서 죽었다. 르네상스 Italian Renaissance painting 시대의 대표 미술가이다.

무덤이 판테온에 있다.

고전 미술의 완성. 우아한 아름다움. 라파엘로 카툰Stanze di Raffaello Frescoes 등이 특징이다.

라파엘로의 방은 라파엘로의 프레스코화가 장식되어 있다. 그의 걸작《아테네 학당》과《성사 토론》이 서명의 방Stanza della Segnature에 있다.

로마를 떠나기 전에 포폴로 광장Piazza del Popolo에 갔다. 그곳에는 산타 마리아 델 포플로 성당이 있었는데 내부에 조각 작품이 많았다. 그림도 많았다. 이 성당을 구경하고 바로 옆에 붙어있는 레오나르도 다 빈치의 기념관에 들어갔다. 미켈란젤로와 라파엘에 비해 덜 활동했고 작품도 별로 없는 듯했는데 이곳에서 그의 뮤지움을 만나게 되어 기뻤다. 다 빈치는 이곳에서 살면서 주로 과학 작품을 연구하는데 몰두한듯 하다.

입구에 그의 대표작 《모라니자》《최후의 만찬》《비트루비우스의 해부도》 등이 있어 진품인가 물었더니, 복사 품이란다.

진열실에는 그의 과학적인 발명품이 주로 전시되었다. 비행기, 자전거, 대포, 전기기관차. 풀 깎는 기계, 미래 과학 도시의 설계 등 헤아릴 수 없을 정도의 발명품을 전시해 놓았다. 이래서 그를 최대의 천제라고 평하는 것 같았다. 그림은 없었다. 그의 그림이 어디 있느냐니까 모른단다.

그의 걸작《최후의 만찬》은 밀라노에 있는데 프레스코 그림이 아니고 유화라 미리 예약을 해야 한단다. 예약을 시도했으나 잘되지 않았다. 이양실씨에게 부탁해서 예약을 간신히 했다. 그녀는 우리가 운이 참 좋다고 말했다.

다음 날 스포르체스크 성Castello Sforzesco에 갔다. 양실씨가 그곳 박물관에 미켈란젤로의 최후의 미완성 작《피에타》가 있다고 해서이다. 요금을 지불하고 박물관에 들어가서 물어보니까 맨 마지막 15호실에 있다고 했다. 급히 그곳에 갔다. 작품은 90% 정도 완성품 같았다. 피에타는 바티칸 성당에 있는데 노년에 왜 이 작품을 만들었을까 하는 의문이 생겼는데, 그가 좋아했던 밀라노에 그의 걸작을 남기고 싶은 욕망 때문이었다고 한다. 얼른 보고 2시 45분까지 빈치아노수도원Cenacolo Vinciano에 가서 레오나르도 다 빈치의《최후의 만찬》을 봐야한다. 서둘렀다.

■ 라파엘로의 〈성체논의 중〉

다른 그림은 없고 《최후의 만찬》 딱 한 점만 벽에 걸려있었다. 사진 촬영이 금지되고 관람시간은 15분이었다. 15분 되면 쫓아냈다. 미술관의 일방적인 행동에 화가 나서 몰래 사진을 한 장 찍었다.

밀라노에도 다빈치 박물관이 있어서 그의 그림이 있는가 물었더니 없단다. 로마에서 본 과학 작품뿐이란다. 밀라노에서도 그의 그림을 보지 못했다.

■ 〈밀비우스 다리의 전투〉

※ 귀국해서 그 후에 안 일이지만 밀라노의 암브로시아나 미술관이 다빈치의 미술관이라는데 그당시는 그것을 몰랐다.

■ 〈콘스탄티누스의 세례〉

■ 리오대제와 아틸라 〈훈족의 왕, 외 만남〉

세계 위인의
생가를 찾아서

# 앙투안 마리 장바티스트 로제 드 생텍쥐페리

프랑스어: Antoine Marie Jean-Baptiste Roger de Saint-Exupéry,(1900 ~ 1944)

■ 생텍쥐페리 기념 우표

■ 바오밥나무

2014. 7. 5 - 7 .6

# 앙투안 마리 장바티스트 로제 드 생텍쥐페리

(프랑스어: Antoine Marie Jean-Baptiste Roger de Saint-Exupéry,(1900 ~1944)

이태리 관광을 하고 프랑스의 중부 도시 리옹에 간 것은 순전히 『어린 왕자』의 저자 생텍쥐페리를 만나기 위해서이다. 누구보다 치열하게 산 행동주의 소설가인데 그의 작품 『어린 왕자』를 나는 참 좋아한다.

■ 라 벨 쿠르 광장Place Bellecour의 생텍쥐페리 동상

■ 라 벨 쿠르 광장Place Bellecour의 생텍쥐페리 동상의 옆 모습

알다시피 생텍쥐페리는 리옹에서 출생했고 프랑스의 소설가이자 공군 장교였다. 아직 항공 교통이 대중화되기 전에 북서 아프리카 · 남대서양 · 남아메리카 항공로의 개척자이며, 야간 비행의 선구자 중 한 사람이다.

밀라노에서 리옹에 가기 위해서는 알프스를 넘어야한다. 그 유명한 알프스가 어떻게 생겼을까 기대가 컸다. 지난번 프랑스에서 이탈리아로 갔을때는 해변으로(모나코에서 제노바로)가서 알프스를 보지 못했다. 프랑스와의 국경이 가까워지자 긴 터널과 고봉들이 나타나기 시작했다. 기암괴석의 산들은 과연 알프스구나 하는 탄성을 자아내기에 충분했다.

드디어 몽블랑 터널이 나타났다. 알프스 산맥에서 가장 높은 몽블랑 산이 근처에 있다는 것이 아닌가! 그러나 어느 산이 그 유명한 산인가는 알 수 없었다.

11.5km의 몽블랑 터널을 통과하기 전에 승용차 요금으로 43. 50유로를 받았다. 상당히 긴 터널이었다. 너무 비싼 요금에 불만이었지만 대단한 터널이었다.

후에 안 일이지만 1999년 3월에 터널 내의 대형 화재로 39명이 죽은 참사가 있었다고 한다. 사고 후 많은 대피소와 연기 배출구를 건설해서 지금은 안전하다고 한다.

리옹 시가 가까워지자 생텍쥐페리국제공항의 표시판이 나타났다. 역시 그는 고향에서 대접을 받는구나 하는 생각이 들었다.

호텔에 도착해서 물어보니 유럽에서 가장 큰 광장중의 하나인 라 벨 쿠르 광장Place Bellecour에 생텍쥐페리 동상이 있지만 그의 박물관은 없고 그가 태어난 시골에 그의 박물관이 8월에 개관을 한다는 것이었다.

먼저 광장에 있는 동상을 찾기로 했다. 그곳에는 태양왕 루이 14세의 기마상이 있었다. 마침 그곳에 여행안내소가 있어서 들어가서는 생텍쥐페리의 동상이 어디 있는가 물었다. 다음은 메탈리크탑Tour Metallique을 물었더니 기도의 언덕에 있다고 말했고 다른 볼거리인 푸르비에르 사원Basilique Notre Dame de Fourviere과 로마극장Theatre Romain을 가르쳐주었다. 1일 권 버스표로 메트로도 타고 버스와 케이블카도 탈 수 있다는 것이었다. 오후에 쇼핑도 할 계획이라 상가도 물어두었다.

여행 안내소를 나와 생텍쥐페리 동상을 찾았다. 소라는 열심히 루이 14세 동상을 사진에 담았다. 내가 찾는 동상은 광장의 오른쪽 끝에 있다는데 없었다. 그곳은 어린이 놀이터가 있었다. 얼마나 작기에 이렇게 눈에 안 띠는가 하고 두리번거려 봐도 없었다. 한 할머니가 가까이 와서 물었더니, 저쪽에 있다고 말했다. 그쪽 길 건너를 보았더니 그 때야 그의 동상이 눈에 들어왔다. 광장의 끝 2차선 도로의 건너편에 우리가 찾는『어린왕자』의 작가 생텍쥐페리 동상이 있었다. 내 키의 한배 반 정도의 사각 기둥위에 생텍쥐페리가 걸터앉아 있고 어린 왕자가 그의 어깨를 오른 손으로 집고 있는 조각이었다. 동양인 한 청년이 사진을 찍고는 사라지고 아무도 찾아오는 사람이 없었다. 사진을 몇 장 찍고 혹시 어린왕자에 대한 액세서리가 있는가? 가까운 상점 두 곳이나 들렸으나 하나도 없었다.

■ 일본 하코네의 생텍쥐페리 어린왕자 박물관 매표소

■ 하코네의 생텍쥐페리 박물관에는 어린왕자 기념품이 넘쳤다.

■ 일본 하코네의 생텍쥐페리 박물관에 있는 어린왕자 동상

■ 일본 하코네의 생텍쥐페리 박물관에 있는 여우

■ 하코네의 생텍쥐페리 박물관에 있는 어린왕자 자료

■ 하코네의 생텍쥐페리 박물관에 있는 있는 어린왕자 책

일본 하코네의 생텍쥐페리 박물관에는 어린왕자에 대한 기념품이 넘쳤다. 그런데 그가 태어난 프랑스에는 그의 흔적이 희미했다. 프랑스에는 훌륭한 문인이 너무 많은 탓인가?

다음 날 생텍쥐페리의 탄생지에 가기 위해서 호텔에서 알려준 마을의 주소를 입력해서 갔다.

Saint-Maurice-de-Remens 01500(France)

리옹에서 48km 떨어진 곳이었다. 리옹 시를 벗어나서 한적한 시골 길을 달렸다. 30km를 지나서는 좁은 시골길로 접어들었다. 생텍쥐페리가 태어난 마을은 이렇다 할 특징이 없는 시골마을이었다. 한국으로 치면 면소재지쯤 될까말까 할 정도이었다. 마을 입구의 빵집에 들어가 물었더니 나이든 분들은 그의 이름을 알고 있었고 한 중년 부인이 그가 태어난 집을 인도해주었다. 그러나 그 부인의 영어실력으론 대화가 되지 않아 불분명했다.

그가 태어났고 지금은 교회가 된 건물에는 이렇다 할 간판이나 기록도 없었다. 마을의 다른 사람을 만나 이야기해본 결과, 그 집이 생텍쥐페리가 태어난 곳이 맞는 모양이고 내부에 자료가 좀 있다고 했다. 가까운 장래에 그의 박물관이 될 거라는 말도 했다.

■ 생텍쥐페리의 탄생지 가게

■ 생텍쥐페리의 탄생지 마을

■ 생텍쥐페리의 생가?

■ 생텍쥐페리의 생가?

기록에 의하면 생텍쥐페리의 기념관은 일본 하코네에 있고, 뉴욕에 있고, 우리나라에 있다고 한다. 정작 그가 태어난 모국 프랑스에는 없었다. 그가 태어난 생가가 어느쪽인지 확실치가 않다. 아마 오른쪽 사진일 거 같아 사진 두 장을 올려놓았다.

# 신비의 화신, 시인 릴케

Rainer Maria Rilke(1875-1926)

■ 숲속에 보이는 암석교회

■ 생 미카엘 암석 교회

■ 교회주위 경치

■ 교회문앞에 있는 기념관 표시

■ 릴케의 무덤 옆에 선 저자

■ 교회앞뜰에 있는 무덤들

■ 릴케의 마지막 집–뫼조성

■ 릴케의 마지막 집–뫼조성–오른쪽에 장미

2014. 7. 7

# 릴케가 산 마지막 집

라이너 마리아 릴케! 시를 좋아하는 사람치고 그의 이름과 그의 시 한두 편을 모르는 사람은 없을 것이다. 그는 가장 서정성이 진한 독일어권 시인 중 한 사람이다. one of the most lyrically intense German-language poets

또한 그의 생활이 시적이고 신비에 싸여있다. 그의 생애, 루 살로메와의 사랑, 장미 가시에 얽힌 죽음, 그가 사귄 교우, 『말테의 수기』와 편지 등은 독자의 흥미를 자아내기에 충분하다.

릴케는 편지를 많이 쓴 시인으로 알려져 있는데 『젊은 시인에게 보내는 편지』는 프란츠 카프카에게 보낸 열통의 편지와 연인들에게 보낸 편지로 출간되어 전 세계의 문학인과 독자들에게 사랑을 받았고 지금도 널리 읽히고 있다.

루 살로메는 라이너 마리아 릴케가 몹시 사랑했던 여인이자 그의 예술적인 뮤즈로 유명하다. 릴케는 연상인 루 살로메와 동거를 했는데 헤어지고도 그리워했고 릴케가 죽을 때도 그녀를 찾았다고 한다.

릴케1875-1926는 프라하 출신으로 오스트리아 시인이며 뮌헨, 파리 등에서 활동했으며 만년에는 스위스에서 살고 스위스에서 죽고 묻혔다.

■ 릴케의 박물관에 진열된 유품들

■ 릴케의 데스마스크

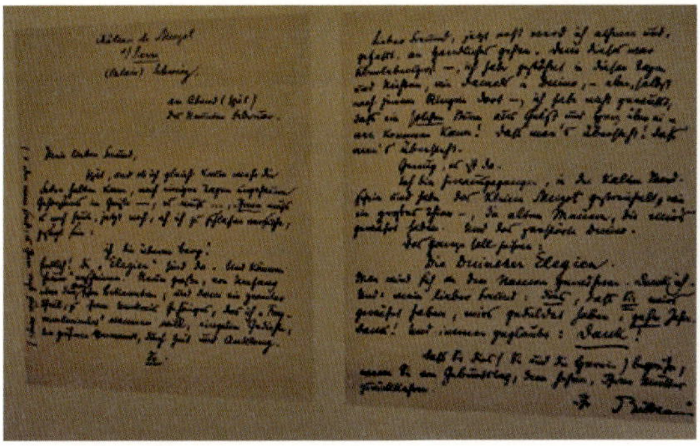

■ 릴케의 편지와 필적

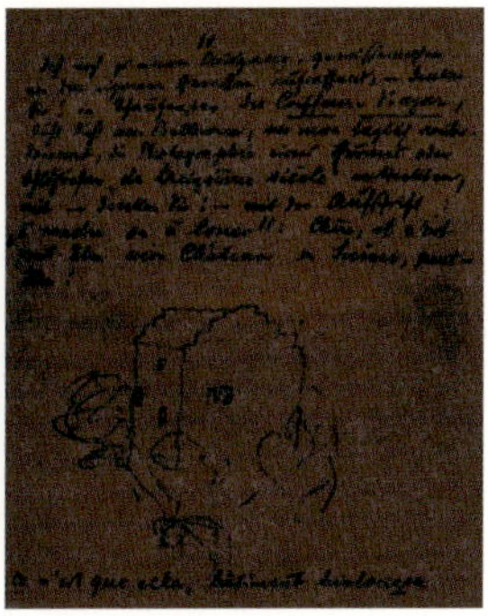

■ 릴케의 그림솜씨

기록에 의하면 릴케는 1921년 여름 스위스의 발레리 지방의 론강가에 위치한 샤토드 뮈조성에 묵게 된다.

2014. 7. 7. 체르마에 머무는 2일은 가끔 비가 내렸다. 마테호른에 가야하는데 비가 내린다. 근처에 릴케의 무덤이 있고 그가 마지막 삶을 산 뮈조성이 있단다. 만사 제쳐 놓고 릴케의 무덤과 마지막 삶을 산 집을 찾기로 하였다. 아침 일찍 출발했다.

호텔 로비에 물어 베이라스Veyras의 주소를 내비에 입력했다. unmapped zone의 메시지가 자꾸 뜬다. 스위스는 주소가 입력되지 않는 곳이 더러 있었다. 체르마만 해도 그렇다. 베이러스보다 큰 지역인 미에그/시에라Miege/Sierre 도 그랬다. 비상수단으로 베이라스 도시만을 입력하니 OK사인이 나온다.

근처라고 하지만 태쉬Tacsh에서 50km가 넘었다. 베이라스 교회에 차를 세워두고 사람들에게 릴케의 집을 물었다. 아는 사람이 없었다. 일반인에게 시인의 존재는 미미하다. 릴케의 무덤은 라론Rarou에 있단다. 달린 길 20여 km를 다시 돌아갔다.

라론에 돌아가서, 근처에 여행안내소가 있어, 가서 물어본 결과 종사자는 철도와 강 건너 산기슭에 있는 조그마한 교회에 그의 무덤이 있다고 말했다. 차는 교회까지 갈 수 없고 주차장에 주차해놓고 걸어서 올라가야한단다. 그렇게 했다. 경사가 30도는 되어 보이는 비탈길을 올라, 찾아간 교회와 박물관은 너무 초라했다.

교회 박물관 종사자의 말로는 큰 박물관과 만년에 산 집은 오전에 찾아간 베이라스에 있다고 말했다. 우선 교회에 있는 릴케의 무덤을 찾았다. 교회 뜰에 들어서자 무덤이 50여구는 있었다. 릴케의 무덤은 교회 건물을 돌아가서 뒤쪽에 외따로 있었다. 그의 무덤은 강과 철도를 건너 앞산이 환이 보이는 아름다운 곳이었다. 그가 산 집에서 21km 떨어진 이곳에 릴케가 묻어달라고 부탁을 했다고 한다. 그의 묘비명이 무덤에 있었다.

Rose, oh reiner Widerspruch, Lust,
Niemandes Schlaf zu sein unter soviel Lidern.-독일어

(Rose, oh pure contradiction, delight
of being no one's sleep under so many lids.-영어)

장미여, 오 순수한 모순이여 수많은 눈꺼풀
아래 누구의 잠도 아닌 즐거움이여.

우리 눈에 보이는 뒷면은 교회벽인 데 그림을 그리듯 도드라지게 표현해서 나타난 것이었다. 무덤 주위에 많은 꽃들이 피어있었다. 장미나무는 있었으나 꽃은 피지 않았다. 무덤은 초라했다.

그의 묘 앞에서 묵념을 하고 다시 베이라스를 향했다.

오전에 왔던 베이라스에 도착했다는 표시가 내비에 나타나 유심히 살펴보니 거리에 릴케의 박물관 방향 표시판이 보였다. 차에서 내려 표시한 방향으로 걸어갔더니 아담한 박물관이 있었다. 입장료 4유로를 지불했다. 독일어와 불어로 만 설명해놓은 릴케 박물관은 나에게 별 도움이 되지 않았다. 그의 친필을 보고 사진을 몇 장 찍었다.

전시물이 영어가 아닌 독일어와 불어로만 되어 있어 수박 겉핥기로 볼 수 밖에 없었다. 미비한 점은 그가 태어난 프라하에 가서 보기로 했다.

박물관에서 다시 물어 그의 집을 찾아갔다. 마을과 떨어져 있는 그 집은 참 좋았다. 분위기가 끝내주었다. 인터넷에 있는 사진에는 포도밭 건너편의 뒷부분이 나와 있는데 앞부분은 남쪽을 향한 부분이다. 앞뜰에는 정원도 있고 꽃들이 잘 가꾸어져 있었다. 무엇보다 주위 환경이 시를 쓰게 하는 분위기이었다. 아름다운 곳 이었다. 성 이라고 하기에는 부족한 집이었다. 대문에는 'Private' 라는 글씨가 뚜렷했다. 다른 사람이 사는 것 같았다. 회화나무, 아카시아, 넝쿨 장미 등 꽃 종류와 큰 교목들도 있었다. 길가에는 자작나무 가로수가 10여 그루되었다. 주위에는 포도원과 목장이 많았고 밭에는 곡식이 자랐다.

그가 산 집은 겉에서 보기에는 초라했지만 위대한 시인의 집으로 손색이 없었다.

릴케는 1912년 1월, 마리 탁시스 후작 부인이 제공한 트리에스테Trieste의 아드리아 연안에 있는 두이노의 성城에서, 바람을 타고 들리는 천사의 말을 듣고 『두이노 비가』의 첫 구절을 쓰기 시작했다.

내가 부르짖더라도 천신의 반열 중에서
누가 나를 듣겠느냐?
가사 어떤 천신이 나를 가슴에 끌어안을 지라도
나는 그가 보다 강한 존재이기에 스스로 살아질 것만 갔다.
무릇 아름다운 것은 두려운 것의 시작밖에 안이다.
우리가 간신히 견디고 있는 시작밖에 안이다.
우리는 그것이 우리를 멸치 않고 버려두는 때문에
그것을 찬영하는 것이다. 이리하여 모든 천사는 두려운 것이다.

10년이 흐른 1922년 이 뮈조성에서 필생의 대작『두이노의 비가Duino Elegies』를 완성하고, 그의 다른 대표작『오르포에스의 소넷트Sonnets to Orpheus』를 썼다. 또한『발레인 사행시Les quatrains valaisans』의 연작을 포함해서 불어로도 시를 썼다. 이 성이야 말로 릴케가 모든 역량을 쏟아 부어 불후의 명작을 탄생시킨 산실이다.

고즈넉한 그 집은 릴케와 너무나 많이 닮았다.

릴케가 외조성에서 클루소우스카와 지낸 글이 있어 소개한다.

■ 발라딘 클루소우스카와 함께

Baladine Klossowska 또는 Kłossowska (엘리자베스 도로 시아 스피로로 1886 년에 태어나 1969 년에 사망

Klossowska met Bohemian-Austrian poet Rainer Maria Rilke (1875-1926) in 1919. At the time, Rilke was emerging from a severe depression that had kept him from writing for several years during and after World War I. The two pursued an intense but episodic romance that lasted until Rilke's death from leukemia in 1926. During this time, Rilke had written in what he called "a savage creative storm" his two most important collections of poetry, the Duino Elegies and Sonnets to Orpheus, both published in 1923. During their romance, Rilke called Klossowska by the pet name "Merline" in their correspondence - first published in 1954.

클루소우스카[Klossowska]는 보헤미안 - 오스트리아의 시인인 라이너 마리아 릴케(1,875에서 1,926)를 1919년에 만났다. 릴케는 그녀를 만나서 1차 세계대전 기간과 그 후 심각한 의기소침에서 탈출했다. 두 사람의 열정적이고 에피소드적이고 낭만적인 사랑은 1926년 백혈병으로 릴케가 죽을 때까지 지속되었다. 이 기간에 릴케는 소위 "격렬한 창조적 폭풍" 으로 작품을 썼다. 그의 대표작인 두 권의 시집「두이노의 비가」와「오르페우스의 소네트」를 써서 1923년에 출판했다. 로맨스 기간 내내 릴케는 클루소우스카를 자신의 애완 동물 이름 마린 이라고 불렀고 - "Merline"은 1954 년에 최초로 출판되었다.

스위스에 4일 머무는 동안 릴케의 집, 박물관, 무덤에 가 본 것 어느 탐방보다도 잘 한 일이었다.

■ 두이노 성

## 그의 죽음에 대한 글 한 토막

A myth developed surrounding his death and roses. It was said: "To honour a visitor, the Egyptian beauty Nimet Eloui, Rilke gathered some roses from his garden. While doing so, he pricked his hand on a thorn. This small wound failed to heal, grew rapidly worse, soon his entire arm was swollen, and his other arm became affected as well", and so he died.

그의 죽음과 장미에 얽힌 신화는 부풀려졌다. 일반적인 이야기론 이집트의 미인 니메 엘루이가 왔는데 그녀를 축하해주기 위해서 릴케는 뜰에 있는 장미를 몇 송이 꺾었다. 그의 손이 장미 가시에 찔려 조그마한 상처가 났다. 치료하는데 실패했고 상처가 급속도로 나빠졌다. 곧 그의 팔 전체가 부어올랐다. 다른 팔도 똑 같이 반응을 일으켰다. 그래서 죽었다.

장미와 많이도 닮은 릴케의 죽음은 이렇게 신비하다.

# 알베르트 아인슈타인

독일어: Albert Einstein,
영어: Albert Einstein(1879 ~ 1955)

■ 아인슈타인 초상

쉬스의 취리히 연방 공과대학교ETH Zürich

■ 아이슈타인이 산 도시 뮌헨 시가

2014. 7. 12.

# 알베르트 아인슈타인

독일어: Albert Einstein, 영어: Albert Einstein 1879 ~ 1955

현대 물리학의 두 거인은 뉴턴과 아인슈타인 이라는 데는 이론의 여지가 없다.

아인슈타인의 천재를 증명하는 3가지 논문의 각 주제는 「광양자 가설」「특수 상대성 이론」「브라운 운동」인데, 이 세 편의 논문은 아이작 뉴턴으로 대표되던 근대 물리학을 뒤엎으면서 천지개벽을 일으켰고, 현대 물리학의 주요 테마인 양자 역학, 상대성 이론, 통계 역학의 시초가 되었다.

그는 원자탄을 만드는 데 직접 참여하지는 안했지만 그의 이론은 원자탄을 만드는 근거가 되었다고 한다. 그리고 미국에 이민 간 후 루스벨트 대통령에게 원자탄을 만들도록 권유했다. 그러나 일본에 원자탄이 투하된 후 그 위력에 놀라 반핵운동에 앞장섰다.

하루는 기자가 3차 대전에 무슨 무기가 사용될 것인가 질문을 하니까 아인슈타인은 다음과 같이 대답했다고 한다.

> 아인슈타인 : 3차 세계대전에서 어떤 무기가 사용될지 모르지만 4차 세계대전에선 뭘 사용할 건지는 알겠군.
>
> 기자 : 4차 세계대전에선 무슨 무기가 사용될 것 같습니까?
>
> 아인슈타인 : 나뭇가지랑 작은 돌멩이.

아인슈타인이 출생한 곳은 독일에 뷔르템베르크 주 울름이라는 작은 도시이다. 한 살 때 아버지의 사업 부진으로 대대로 살던 울름을 떠나, 뮌헨으로 이사했다.

뮌헨은 독일에서 베르린, 함부르크 다음으로 큰 도시이며 문화와 예술의 도시이다.

그의 가족은 사업부진으로 다시 이탈리아 밀라노로 건너가게 된다. 그는 이후 홀로 독일의 김나지움에 진학했으나, 학생의 개성, 흥미, 능력, 생각을 무시하는 학교생활에 잘 적응하지 못하였다. 결국 신경쇠약으로 공부를 쉬어야 할 정도로 건강이 나빠지자, 십칠 세의 아인슈타인은 "다시는 독일 땅을 밟지 않겠다."라며 학교를 떠났다.

그 후 독학으로 공부하여 스위스의 취리히 연방 공과대학교ETH Zürich에 응시하였으나 낙방을 하게 된다. 이런 천재도 대학입시에 떨어진다. 로댕도 입시에 3번이나 떨어졌다. 그러나 아인슈타인의 뛰어난 수학과 물리학 성적을 눈여겨본 학장의 배려로 1년간 아라우에 있는 자유로운 분위기의 고등학교에서 공부한 후 입학을 허락받는다.

> 취리히 연방 공과대학은 꽤 유명한 대학이다. 물리학자 아인슈타인, 폰 노이만, 파울리, 건축가 산티아고 칼라트라바 등이 이 대학을 졸업하였으며 이 학교의 학생 및 교수 출신으로 25명의 노벨상 수상자를 배출하였다. 세계경제포럼이 선정한 세계 최상위 26개 대학 회원중 하나이며, 2016년, 2017년 기준 타임즈 고등교육 세계대학평가 9위, QS 세계 대학 순위 8위에 각각 랭크되었다.
>
> =위키 백과에서

대학시절에는 물리학에 전염하고 수학공부는 등한시해서 그 후 연구에 어려움을 겪자, 수학을 잘하는 지인들의 도움을 받았다고 한다.

졸업 후 스위스 베른에 있는 특허 사무소의 심사관으로 채용되었다.

특허 심사관으로 근무하면서 1905년, 아인슈타인은 독일의 물리학 연보

Annalen der Physik에 일련의 중요한 논문을 다섯 편을 연달아 발표한다. 그 논문으로 그 해 ETH Zurich에서 박사 학위를 받는다. 그 후 여러 대학에서 대학교수로 연구하게 되었다.

1914년에 드디어 일반 상대성 이론의 측지선 공식에 대한 최초의 형식화인 '일반 상대성 이론의 형식적 기초'를 발표하게 되었다. '특수 상대성 이론'의 논문을 발표한지 10여년 만에 이룬 쾌거라 하겠다.

1922년 아인슈타인이 노벨상을 받은 것은 상대성이론이 아니고 광전효과로 이었다.

광전효과는 이전까지의 빛의 입자설을 종합한 거 정도이며 분량도 A4 한 페이지 정도였다고 한다.

그의 어록 중 한 두 개만 적어본다.

> "내가 성취하고자 추구했던 것은 단지 나의 부족한 능력으로 진리와 아무도 즐겁게 하지 못하는 위험에 대한 정의에 봉사하고자 한 것이다."
>
> "정치는 순간을 위한 것이다. 방정식은 영원을 위한 것이다."

아인슈타인은 예술 분야에서도 상당한 수준의 바이올린 연주자였으며, 모차르트의 곡을 선호했다고 한다. 평소의 취미 활동도 바이올린 연주였다.

모든 천재들이 그러하듯 아인슈타인도 가정과 가족에게는 '나쁜 남자'에 들어가는 역사적 인물 중 한 명이다.

첫 부인 밀레바는 같은 과 동급생인데 집에서 결혼을 반대했으나 1903년 둘은 결혼했다. 아인슈타인은 밀레바에게 너무 많은 것을 요구했다. 부인이 아니라 하녀 취급하는 것 같았다 고 한다. 결국 두 번 째 부인인 엘자와 친해졌다.

엘자와 결혼하기로 결심하면서 밀레바를 비참하게 버렸다. 1919년 이혼을 한 후엔 밀레바와의 사이에서 태어난 두 아들에게 신경을 전혀 써주지 않아 밀레바가 많이 고생했다고 한다.

아인슈타인이 받은 노벨물리학 상금은 이혼한 후 밀레바에게 주었다.

아인슈타인이 임종 직전에, 독일에 있는 장남에게 보고 싶다고 와달라고 했는데 장남이 오지 않았다는 이야기도 있다. 첫 아들은 버클리 주립대학에서 수력학 교수를 하고 있었는데 신문에 짤막한 부고 몇 줄을 내고 그대로 끝이었다고 한다.

아인슈타인과 첫 부인 사이의 둘째 아들은 정신박약아였고, 발작을 일으켜 어머니를 목 졸라 죽이려 한 직후 정신병원에 수감되어 일생을 마쳤다.

밀레바와 결혼하기 이전에 그녀와의 사이에서 태어난 딸 리제를이 있었다. 이 딸은 타 가정에 입양되었다 고도 하고 또는 어릴 때 죽었다고도 한다. 후에 자신이 아인슈타인의 딸이라고 주장한 여인이 나타나 자신의 지인에게 이에 대해 알아봐 달라고 했다. 이와 같은 일연의 이야기로 봐 무책임한 아버지가 틀림없다.

세계 위인의
생가를 찾아서

# 괴테 하우스

Johann Wolfgang von Goethe1749-1832

■ 괴테하우스근처의 광장

■ 괴테 하우스 – 뮤지움

■ 19세의 울리케 폰 레베초프Ulrike von Levetzow

■ 독일화가 요한 하인리히 빌헬름 티슈바인이 그린 이태리 여행 괴테

■ 괴테의 좌상

2014. 7. 13.

# 괴테 하우스

Johann Wolfgang von Goethe1749-1832

요한 볼프강 폰 괴테Johann Wolfgang von Goethe1749. 8. 28 ~ 1832. 3. 22는 독일의 시인, 작가이자 철학자, 과학자이다. 바이마르 대공국에서 재상을 지내기도 하였다.

『젊은 베르테르의 슬픔』『파우스트』의 작가 괴테는 독일이 낳은 최고의 시인이다. T. S. 엘리엇이 "괴테는 시인이라기 보다는 현인이다." 라는 말에도 불구하고 단테, 셰익스피어와 더불어 시의 최고봉이다.

나폴레옹이 적탄이 빗발치는 전쟁터에서『젊은 베르테르의 슬픔』을 읽고 그 감흥을 평생 간직하다가 에르프르트에서 괴테를 만났을 때 "여기 인간다운 인간이 있다."라고 말했다는 이야기는 심금을 울린다. 살육을 일삼던 전쟁 영웅의 눈에도 그의 인간다움을 알아 봤던 것 같다.

2014. 7. 13일, 프랑크푸르트에 간 주된 목적은 괴테 하우스에 가기 위해서이다. 오늘 그곳에 간다. 비도 내리고 심신이 피곤하기도  해서 아침 식사를 하고 호텔방에서 한 시간 이상을 잤다. 몸이 좀 가벼운 것 같은데 그래도 피곤하다. 이제 25일 정도이면 고향 집에 간다.

18번 트레인을 타고 Kon역에서 4번이나 5번의 로선으로 가라 타라고 해서 4, 5번을 30분 이상 기다렸는데도 전차가 오지 않아 어떤 젊은이에게 물은 결과 지하에 내려가서 타라는 것이었다. u4, u5라고 u자가 지도에 있는 이유를 알았다. Dom Romer에서 내려 뢰머 광장에 갔다. 어떤 중국인 현지지도원 같은 사람에게 괴테 하우스를 물었더니 시청을 가리키며 그곳이란다. 어쩐지 의심이가 다시 백인에게 물어보았더니 그 곳은 시청이란다. 시청에 가서 물어보라는 말을 독일어를 모르니 알 턱이 없었다.

괴테 하우스는 쉽게 찾았다. 구 시가지와 신시가지의 경계에 괴테 하우스는 있었다. 그곳에서 시인은 27세까지 살았고 그 후 바이마르의 영주 카를 아우구스트 경의 초청으로 그곳에 가서 죽을 때까지 살았다고 한다.

요금을 지불하고 1층으로 올라갔다. 층계에 파우스트의 초상이 걸려있었다. 그라운드 플러는 식당과 부엌이라고 한다. 2-4층은 석고로 빗은 괴테 아버지와 어머니의 흉상이 있고 접견실, 음악실, 괴테가 태어난 방이 있었다. 벽에는 유독 유화가 많았다. 괴테의 부모가 가지고 있던 유화란다.

가구며 집기 등이 고급스러웠다. 지금까지 다닌 문인들의 하우스 중 가장 부유한 환경에서 자란 사람이 괴테이다.

필체의 사진도 찍었는데 글씨도 아주 잘 썼다.

■ 생가에 있는 시계

■ 도서

2층 가운데 앞 벽에 시계가 있는데 특별하게 생겨서 그곳 근무자에게 물은 결과 특수하게 제작된 시계란다. 2014 7월 13일의 날자가 나오고 시계 판 아래 오른쪽은 달, 왼쪽은 해이고 주위에 동양의 12지상처럼 유럽의 12지를 새겨 넣었단다.

■ 괴테의 필체와 그림 솜씨

스위스 산인가 물었더니 독일산이라고 말했다. 책이 가득한 방은 아버지의 서재이고 아름답게 꾸며진 방은 여동생 코넬리아의 방이란다.

그리고 시인의 방은 3층 가운데 방인데 책상위에 라오콘의 머리 조각이 놓여있었다. 괴테가 이 조각을 무척 좋아했단다. 시인의 방 거실의 벽에 이상한 문양이 있어 설명을 해달라고 했더니 바이말의 왕이 괴테에게 하사한 프랑크푸르트 시내와 닭이 새겨진 황금색의 벽걸이 휘장 같았다. 거의가 독일어로만 써져서 좀 불편했다. 휘장의 아래에 ETERNA MEMORIA, JOSEPHI. II 라는 글자가 보였다.

■ 바이말 왕이 하사한 벽걸이 휘장

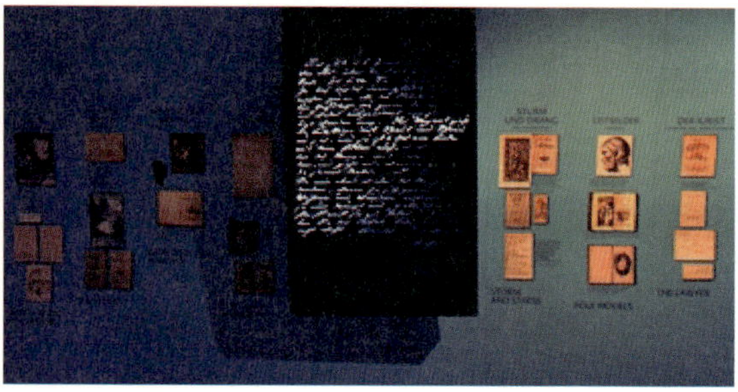

■ 필체와 여러 유물들

괴테의 여성 편력은 유명하다. 무려 10명이나 되며 가장 유명한 것이 70이 너머 열아홉 살의 소녀를 열열이 사랑한 것 이다. 그녀가 울리케 폰 레베초프 Ulrike von Levetzow이다. 그녀에게 와이마르 왕을 중간에 넣어 구혼했으나 올리케의 어머니에게 거절당했다.

베토벤과 서로 사랑했던 베티나도 있다. 베티나는 괴테와 베토벤 둘이 사랑한 여자이었다.

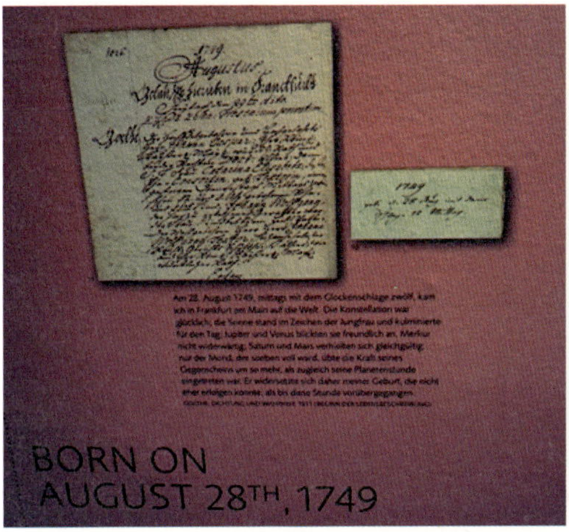


■ 편지

■ 괴태가 좋아한 라오곤의 머리

독일 문학사상 중요한 사건이 일어났는데 그것은 괴테와 실러의 상봉이었다. 그들은 1794년 7월말에 만나 1805년 실러가 죽을 때까지 친교를 계속했다. 양자 간에 교환된 서한은 독일 고전주의 문학의 가장 귀중한 자료로 되어 있다.

임종에 "더 빛을...."이라는 마지막 말을 남긴 괴테는 위대한 인물이다.

마침 중국음식점이 있어 점심을 사서 먹었다. 그리고 대성당에 가서 구경을 하고 박물관에 가려다가 포기하고 호텔로 돌아왔다.

오늘이 독일과 아르헨티나의 월드컵 결승전이 있는 날이다. 독일에 와서 독일어로 중계하는 월드컵 경기를 보았다. 팽팽한 경기 연장 후반 11분에야 결판이 났다. 독일이 1: 0으로 이겼다. 아르헨티나는 메시라는 걸출한 스타 플레이어가 있으나 혼자로는 어려웠다. 잠을 설쳐서 감기 기운이 있다. 그만 자야겠다.

# 음악의 신들

## 모차르트, 베토벤, 슈베르트

Mozart, Wolfgang Amadeus(1756~91)
Beethoven Ludwig Van(1770~1827)
Schubert, Franz Peter(1797~1828)

■ 모차르트Mozart, Wolfgang Amadeus(1756~91)

■ 베토벤Beethoven Ludwig Van(1770~1827)

■ 슈베르트Schubert, Franz Peter(1797~1828)

2014. 7. 19.

## 모차르트

Mozart, Wolfgang Amadeus1756-1791의 Geburtshaus

잘츠부르크는 음악의 신이 태어난 곳이다. 그의 이름은 모차르트Mozart, Wolfgang Amadeus 이다. 이곳까지 와서 어떻게 그의 기념관을 가보지 않을 수 있겠는가.

차이콥스키는 모차르트를 음악의 그리스도라고 말하며 그의 《돈 조반니》를 본 뒤 법학 공부를 때려치우고 음악가가 되기로 결심했다고 한다.

■ 모차르트의 생가

기념관은 잘자흐 강의 옆에 있었다. 우리나라 절의 사적 기 같은 글이 입구에 있었다. 이 건물을 이해하기에 좋은 자료라 여기 적는다.

The Dancing Master's House

On the right bank of the Salzach, vis-a-vis the Landestheater and not far removed the Church of the Holy Trinity, stands the "The Dancing Master's House", former residence of the Mozart family. Like the birthplace, this house is one of the most important memorial sites in Salzach. By the fall of 1773, the rooms on Getreidegasse had become too small for the Mozarts. After extended negotiations

with the proprietress Anna Maria Raab, or "Dancing Mistress Mitzi" (ca. 1710~1788), the Mozart family at last moved into the new apartment on Hannibal Square(today Makart Square No8-9)

The move to the new quarters was the final realization of numerous earlier plans that had one by one been abandoned because of the family's constant traveling, with the move to Hannibal Square the Mozart family escaped the medieval narrowness of Getreidegasse. From the window of the residence one could view the bustle of activity on the square and "with the field-glass, from four to five o'clock(watch the people)going to the theater". The spacious eight-room apartment offerd ample place for gatherings of the befriended families' In the garden one enjoyed a game of skittles or a game of "dart shooting" at targets painted with practical jokes.

춤 대가의 집(모차르트 가족이 이주하기 전에 귀족들-왕자, 대주교에게 춤을 가르쳐준 데서 유래된 이름인 듯)

모차르트 가족의 전 거주지인 춤 대가 집은 국립극장과 마주향해서 성 트리니티 교회에서 멀리 떨어지지 않은 잘자흐 강 오른쪽 재방에 있다. 모차르트의 생가와 같이 이 집은 잘자흐에 있는 가장 중요한 유적지이다. 1773년 가을에 게트라이데 거리에 있는 집은 모차르트 가족에게는 너무 좁았다. 소유주인 안나

마리아 라 혹은 춤 대가인 미찌(대략 1710-1788)와 상의 한 후 모차르트 가족은 마침내 하니발 광장(오늘날 마카트 8-9 거리)의 새 아파트로 이사했다. 새로운 거주지로 이사는, 가족의 끊임없는 여행으로 인하여 순차적으로 포기한 최초의 수많은 계획 중, 마지막으로 실현된 것이었다. 모차르트 가족이 게트라이데 구식과 비좁음에서 벗어나 하니발 거리로 이사함과 동시에. 광장의 활발한 활동을 거주지의 창문을 통해서 볼 수 있었다. 그리고 4시에서 5시까지 잔디밭을 지나 극장에 가는 사람들을 관찰할 수 있었다. 넓은 여덟 개 방이 있는 아파트는 가족들에게는 서로 양보할 수 있는 충분한 공간이었다. 정원에서 사람들은 스키틀즈 게임을 하거나 실제로 채색된 표적에 송곳을 꼽는dart shooting 게임을 즐겼다.

The house at Getreidegasse 9 is the place where Wolfgang Amadeus Mozart was born and where he lived until the age of 17.

게트라이데 9번가에 있는 집은 모차르트가 태어나서 17세까지 산 집이다.

-위키 백과

다음과 같은 글도 모차르트의 집을 이해하는 데 참고가 될 것 같다.

이 노란 색 아파트는 모차르트가 17세까지 살았던, 잘츠부르크 시내의 모차르트생가Mozarts Geburtshaus를 떠난 1773년부터 1780년까지 살았던 곳이다. 모차르트 남매가 빈과 장크트길겐가(St.Gilgen)로 각각 떠난 뒤 아버지인 레오폴트 모차르트가 혼자 살다가 그곳에서 숨을 거두었다. 제2차 세계대전 당시 큰 손상을 입어 옛 모습은 거의 남아 있지 않지만, 1996년 1월 수리하여 재개방 하였다. 건물 내부에는 모차르트 가족의 생활과 건물, 역사에 관한 자료가 전시되어 있다.

[네이버 지식백과] 모차르트의 집Mozart Residence (두산백과)

기대를 잔뜩 가지고 간 기념관 내부에 사진촬영금지 문구가 있어 기분을 잡쳤다. 처음 들어가서 엉겁결에 찍은 사진이 전부이었다. 미술품도 아닌 사진과 악기, 그의 친필 편지, 복사한 악보인데 왜 촬영을 못하게 하는지 이해가 가지 않았다.

다행히도 오디오를 주었는데 모차르트의 음악이 계속 흘러나왔다. 그의 기념관에서 듣는 음악은 황홀했다.

■ 모차르트의 가족사진과 그가 썼던 피아노, 바이올린

■ 관광객들

■ 기념관의 관광객들

■ 어머니의 죽음에 슬픔에 잠긴 모차르트와 서신의 일부

슬픈 눈을 하고 있는 모차르트의 초상화가 있어 보았더니 파리에서 어머니를 잃고 친구에게 보낸 절절한 편지이었다.

Mourn with me, my friend! This has been the saddest day of my life-I am writing this at two o'clock in the morning. I have to tell you that my mother, my dear mother, is no more! God has called her to Himself. It was His will to take her, that I saw clearly-so I resigned myself to His will. He gave her to me, so He was able to take away from me.

Mozart To abbo Joseph Bullinger

Paris July 3, 1778.

나의 친구여, 애통하고 애통하다. 오늘은 나의 일생에서 가장 슬픈 날이다. 나는 이 편지를 새벽 2시에 쓰고 있다. 나의 사랑하는 어머니가 돌아가신 것을 알려야만 한다. 이제 더는 어머니가 아니다. 신은 어머니를 부르셨다. 어머니를 모셔 가신 것은 그의 뜻이다. 나는 그 점을 분명히 알았다. 그래서 나는 신의 의지에 동의했다. 신은 어머니를 나에게 주셨고 나로부터 거두어 가셨다.

간단한 홍보용 영화도 보았는데 모차르트는 어려서부터 아버지에게 끌려 이태리의 여러 도시와 베를린, 파리, 프랑크푸르트, 뮌헨, 런던 등으로 여행을 많이 했다. 어린 신동의 삶이 얼마나 고달팠을까? 짐작이 갔다. 그 당시는 마차로 여행을 했을 것이다. 지금 우리는 비행기로, 기차로, 승용차로 여행을 한다. 그래도 엉덩이와 허리가 뻐근하다.

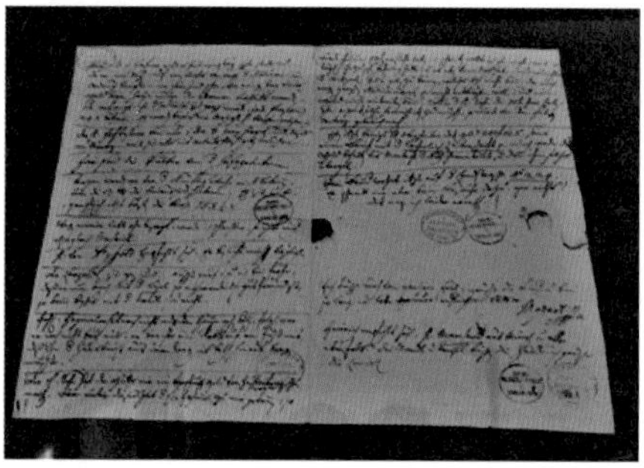

■ 모차르트의 필적

박물관 내에는 모차르트가 쓰던 침대, 바이올린, 피아노, 악보, 초상화 등이 전시되어 있습니다.

가장 주요한 전시물은 요한 안드레아스 슈타인Johann Andreas Stein이 제작한 그랜드 피아노이다. 이 피아노는 모차르트와 그의 아버지가 실제로 사용하던 것이란다. 하이든과 베토벤도 슈타인이 만든 피아노를 사용했다고 한다.

모차르트는 빈에서 생활하던 1784년에 루트비히 판 베토벤과도 만났다. 그는 어려운 집안사정에도 불구하고 자신을 찾아온 베토벤을 반갑게 맞이하였는데, 이때 베토벤의 나이는 불과 14세였다.

모차르트는 베토벤의 탁월한 천재성을 알아보고 칭찬을 아끼지 않았으며 교육비를 일절 거절하고 베토벤을 교육시키는데 전념했다. 그러나 베토벤은 어머니가 사망하였다는 소식을 듣게 되자 모차르트에게 작별인사를 하고 빈을 갑작스럽게 떠났다.

근 2시간이나 이 작은 기념관에서 보내고 돌아왔다. 관광객들도 이곳에 와서는 보다 진지했다.

이 불세출의 음악천재도 대부분의 천재들과 같이 성격이 괴팍하고 사치와 낭비, 도박 등으로 빚을 지고 살다 35 세로 병사했으며 무덤이 어디인지도 모른다.

■ 어린 시절의 모차르트와 악보

그는 주로 빈에서 살았으며 불우하고 짧은 35년의 생애 중 10년 이상을 여행으로 보냈다. 작품으로 《피가로의 결혼》《돈 조반니》《마적》의 3대 가극을 비롯하여, 많은 교향곡 · 협주곡 등의 관현곡 및 실내악곡 · 피아노곡 · 가곡 등 600여 편이 있다.

2014. 7. 22

# 베토벤 기념관

**Beethoven Ludwig Van1770 ~ 1827**

■ 유서의집

■ 이층으로 올라가는 계단

빈은 예술의 도시이다. 음악의 도시이다. 이 도시에 베토벤과 슈베르트의 기념관이 있다. 오늘은 베토벤 기념관과 슈베르트의 기념관에 가볼 작정이다. 소라는 장기간 여행으로 녹초가 된 내 몸을 생각해서 주차의 어려움을 무릅쓰고 시내에 차를 가져가겠다고 말했다. 지금까지 여행 중 우리는 시내에 갈 때는 차를 호텔에 두고 대중교통을 이용해왔다. 고마운 일이다. 아침식사를 하고 한 시간이나 누워 있다가 출발했다. 처음에 간 곳은 호텔에서 제일 먼 베토벤의 '유서의 집' 이다. 음악가로서 치명적인 귓병으로 청력을 상실할 즈음 고독과 절망으로 몸부림치며 자살을 생각하며 동생들에게 유서를 쓴 집이다. 원본은 독일에 있고 이곳에는 사본이 있단다. 내비에 주소를 입력했더니, 정확하게 그곳에 데려다주었다.

■ 베토벤 후원협회

유서의 집에 대한 다음과 같은 글이 있어 기록한다.

Beethoven Apartment Heiligenstadt

Like many of his wealthy contemporaries, Ludwig van Beethoven (1770~1827) also frequently spent the summer months near Vienna. In 1802 he lived in Heiligenstadt. The successful young composer hoped not only to be able to work in peace but also to improve his health, particularly his hearing impairment. A mineral spring had been discovered in Heiligenstadt in the 1780s and an extremely popular health and bathing spa was built on the site of the present-day. Heiligenstadt Park as a result. Although recent research has cast doubts as to whether Beethoven actually lived in this house, it nevertheless gives a good insight into what a summer apartment of the time looked like.

When his condition failed to improve, the deeply disconsolate composer wrote what became known as the Heiligenstadt Testament in October 1802, a letter to his two brothers. Which he never sent, describing his consternation at his increasing deafness.

In spite of this fateful blow, Beethoven was very production that summer: in Heiligenstadt he completed the 2nd Symphony, the piano sonatas in G major and D minor, and the Piano Variations.

베토벤의 하일리겐슈타트 아파트

동시대 많은 중산층처럼 루트비히 판 베토벤(1770~1827)도 자주 빈 가까이에서 여름 몇 달을 보냈다. 1802년 그는 하일리겐슈타트에서 살았다. 성공한 젊은 작곡가는 평화로운 가운데서 작품을 쓸수 있기를 희망했고 그의 건강을 증진하고자했다. 특히 청력장애 치유를 원했다. 1780연대에 하일리겐슈타트에서 미네랄이 포함된 온천이 발견되었다. 건강에 좋다고 해서 온천 호텔이 오늘날의 부지에 지어졌다. 결과적으로 하일리겐슈타트 공원이 되었다. 비록 최근의 연구로는 베토벤이 실제로 이집에 살았는지 아닌지에 대하여 의견이 분분하지만, 그럼에도 불구하고 그 집이 의심 없이 그 당시의 여름별장 임을 믿는 편이다.

그의 건강상태가 개선되지 않자 깊은 고독에 빠진 작곡가는 1802년 10월에 하일리겐슈타트 유서를 쓴다. 그의 두 동생에게. 점점 나빠지는 귓병에 대하여 섬뜩함을 기술한 편지는 보내지진 않았지만.

이 숙명적인 불행에도 불구하고 베토벤은 그해 여름 많은 곡을 썼다. 하일리겐슈타트에서 그는 《교향악 2번》《피아노 소나타 G장조》와 《D 단조》 그리고 《피아노 변주곡》을 썼다.

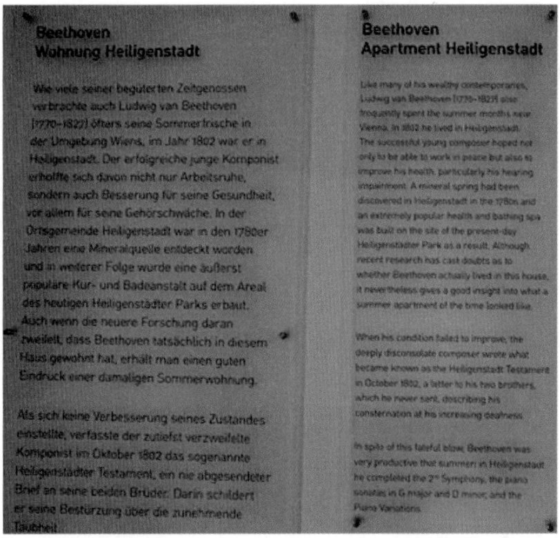


■ 유서의 집 글(영어)　　■ 유서의 집(독어)

1802년 베토벤이 이 집에 요양을 와서 앞에서 언급한 것 처럼 '하일리겐슈타트 유서'를 썼다., 그는 이 절망적인 편지를 쓰고 나서도 25년을 더 살았다. 그것은 베토벤 개인에게나 인류 전체를 위해서도 다행스런 일이었다. 문을 열고 들어가자 종사원이 우리를 반겨주었다.

작은 이층집이었는데 기념관은 이층에 방2개 정도가 전부이었다. 관광객을 위해서 우선 모차르트 기념관과 달리 사진촬영이 허용되었다. 그리고 조그마한 책자를 주었는데, 영어, 프랑스어, 스페인어, 일본어, 이탈리아어, 에스파야어, 네덜란드어, 체코어로 번역되어 편리했다. 종사원은 우리를 일본인으로 알고 일본안내책자를 주었다. 나는 한국이라고 말해서 영어 가이드북을 받았는데 대부분은 독일어이고 동생에게 쓴 유서 편지부분만 영어였다. 다음 페이지는 일어로 번역되었다. 일본은 이렇게 약삭빠르게 세계의 모든 박물관까지 손을 뻗고 있다.

먼저 온 일본인인 듯한 남자가 베토벤의 음악을 듣고 있었다. 차례를 기다린 후 리시버를 받아 귀에 꼽고 악성의 교향곡을 들어보았다. 교향곡 2번이 흘러나왔다. 그의 기념관에서 들어보는 선율은 더 강한 감동을 주었다.

진열품은 그의 손때가 묻은 피아노, 강렬한 인상을 주는 흉상과 데드-마스크Dead Mask, 악보와 사진 몇 장, 편지인 친필 등이었다.

베토벤의 친필 악보가 17억 이상으로 낙찰되었다는 이야기를 들은 것 같다.

글씨가 베토벤의 급한 성격을 말해주듯 악필이었으나 힘찼다. 그의 후원자였던 루돌프 대공의 사진, 그가 연모했던 줄리에타 귀차르디의 사진도 전시했다. 창문 밖으론 뒤뜰에 우리나라 국화인 무궁화가 피어있었다. 그것을 보자 심장이 쿵쾅쿵쾅 뛰었다. 사과나무와 커다란 호두나무에는 과수가 주렁주렁 매달려있었다. 우리는 그곳에서 음악을 들으면서 한 시간 이상을 머물렀다.

유서의 집에 왔으니 그의 유서의 일부라도 소개해야겠다. 1802년 10월 6일에 쓴 유서는 장문이라 청각상실로 얼마나 고통스러웠는가를 말해주는 부분만 소개한다. 10월 10일에 쓴 편지는 짧아서 전문을 소개한다.

To my brothers Carl and (Johann)

**-omission-**

Oh! how cruelly was I again repelled by the experience, sadder than ever, of my defective hearing! - and yet I found it impossible to say to others: Speak louder; shout! for I am deaf! Alas! how could I proclaim the deficiency of a sense which ought to have been more perfect with me than with other men, - a sense which I once possessed in the highest perfection, to an extent, indeed, that few of my profession ever enjoyed! Alas, I cannot do this! Forgive me therefore when you see me withdraw from you with whom I would so gladly mingle. My misfortune is doubly severe from causing me to be misunderstood. No longer can I enjoy recreation in social intercourse, refined conversation, or mutual outpourings of thought. Completely isolated, I only enter society when compelled to do so. I must live like art exile. In company I am assailed by the most painful apprehensions, from the dread of being exposed to the risk of my condition being observed.

-omission-

6th October 1802

내 동생 카를과 요한 베토벤에게

생략

아! 약화된 청력에 대하여 평소보다 더 슬퍼 나는 얼마나 잔인하게 반발했던가! 그렇지만 나는 아직 사람들에게 "더 크게 말하시오. 나는 귀가 먹었으니까"라고 말할 수는 없었다. 오오! 어떻게 내가 다른 사람들보다 완벽하게 가졌으나 지금은 없는 감각의 결핍을 선언한단 말인가!-내가 한때 소유했던 탁월한 재예才藝 감각, 범위를 넓혀서 음악가의 소수만이 진정 가졌던-아아, 이럴 수는 없다! 아! 나는 그럴 수 없다. 그러므로 내가 그렇게도 즐겨 어울렸던 너희들로부터 물러나 있는 나를 용서해다오. 나의 불행은 내가 오해받고 있는 원인으로 이중의 고통을 받는단다. 내게는 이제 더 이상 인간관계, 세련된 대화, 사상에 대한 상호간의 심오한 말 등을 즐길 수 없단다. 완전히 혼자이다. 내가 사회와 접촉할 때는 그렇게 하도록 강요당할 때 뿐 이다. 나는 추방당한 예술가처럼 살아야한다. 나는 사교 상 노출의 공포 선상에 있다는 가장 고통스런 우려로 심하게 야유를 받고 있다.

생략

1802 10월 6일

-루트비히 판 베토벤

For my brothers Carl and (Johann) to be read and executed after my death.

Heiglnstadt, October 10. 1802, thus do I take my farewell of thee-and indeed sadly-yes that beloved hope- which I brought with me when I came here to be cured at least in a degree-I must wholly abandon, as the leaves of autumn fall and are withered so hope has been blighted, almost as I came- I go away-even the high courage- which often inspired me in the beautiful days of summer-has disappeared- O Providence-grant me at last but one day of pure joy-it is so long since real joy echoed in my heart-O when - O when, O Divine One-shall I find it again in the temple of nature and of men- Never? no-O that would be too hard.

내 동생 칼과 요한에게 내가 죽은 후에 이 편지 읽고 이행하기 바란다.

하일리겐슈타트에서 , 1802년 10월 10일

이렇게 너희들에게 안녕을 고하려한다. 이런 말을 하는 내가 정말로 슬프다. 내가 여기 올 때 품었던 희망은 적어도 조금은 나아지겠지-하지만 나는 완전히 포기했다. 가을에 낙엽이 떨어지듯이 손상된 희망이 말라죽듯이. 내가 왔을 때처럼-나는 간다 - 드높던 용기마저-살아졌다-가끔은 여름의 아름다운 날들이 나를 고무하지만. 오 신의神意여!-나에게 적어도 순수한 기쁨을 누릴 단 하루만이라도 허락해 주오-진실한 기쁨이 내 가슴에 메아리 친 것이 너무 오래 됐습니다. - 아, 언제- 아, 언제. 아, 신의 기쁨-내가 그것을 자연과 인간의 사원에서 다시 찾을 수 있을까요? 결코 안 될까요? 그럴 수는 없습니다.-아 그건 너무 심합니다.

내 형제 Carl과 (Johann) 베토벤에게.

이 유서의 집에는 베토벤의 사인과 청력상실, 그의 병의 원인을 규명해 준 머리카락이 있었다. 의식하지 못하고 그 사진을 담아온 것은 행운이었다. 유서의 집이라 그런지 그가 임종한 집, 장례행렬 사진도 있었다.

■ 베토벤의 데드-마스크

■ 베토벤의 머리카락

■ 베토벤이 임종한 방Beethovens Sterbezimmer im "슈봐르츠슈파니어하우제Schwarzspanierhaus"

■ 베토벤의 장례식 교회 앞

산책로를 가보려고 기념관을 나왔다. 종사원은 곧장 가서 교회가 나오면 왼쪽으로 가다가 오른쪽으로 가면 강이 나온다고 했는데 그 당시와는 달리 집들이 들어서서 아무런 의미가 없었다.

베토벤이 살았을 당시는 이곳은 집이 거의 없는 교외 이었으리라. 베토벤은 여러 길을 작품을 구상하며 산책했을 것이다. 차를 타고 도나우 강까지 갔다가 돌아왔다.

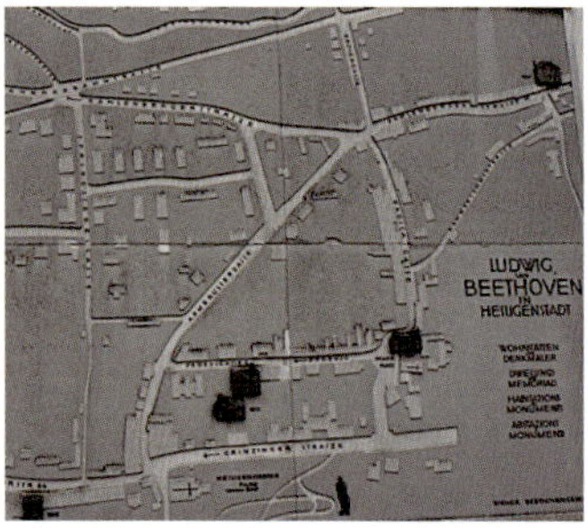


■ 베토벤의 산책로

## 베토벤의 다른 기념관 "파스크발라티하우스"

다음에 찾아간 곳은 베토벤의 또 다른 기념관 "파스크발라티하우스"를 찾았다. 베토벤은 독일의 본 출생이지만 열일곱 살에 빈으로 가서 40여 곳을 이사하면서 살았다고 한다. 급한 성격과 청력상실로 악기 소리를 크게 내고 주인집과 반목으로 쫓겨나기를 반복했다는 것이다.

■ 다른 기념관 "파스크발라티하우스"

■ 베토벤의 피아노

기념관은 6층 건물의 6층 꼭대기의 방 4개 정도이었다. 6층까지 엘리베이터도 없어서 올라가는데 숨이 턱에 닿았다. 유서의 집과 별반 다를 것이 없었다. 조금 더 장소가 크고 자료가 많았다. 처음 눈에 들어온 것은 베토벤의 손때가 묻은 피아노와 긴 설명문이었다.

드디어 참고 참았던 비가 내리기 시작했다. 파스크발라티하우스의 설명문 전문을 밝혀둔다.

Beethoven Pasqualati House

In July, Ludwig van Beethoven(1770～1827)wrote to his student and friend Ferdinand Ries:

"I would very much like to have accommodation on the Bastei." Ries found for the renowned composer an apartment on the fourth floor of pasqualati House with a wonderful view of the Josephstadt Glacis, a broad green belt surrounding the walled city.

Beethoven lived here from 1804～1808 and from 1810 to 1814-but probably not in this apartment, but the one opposite. the house was built by Joseph Benedikt Freiherr von Pasqualati and has exited in its present from since 1791. As was customary in Vienna at the time, the house was named after its owner. Pasqualati's son Johann was acquainted with Beethoven and kept the apartment for him when he was elsewhere-outside Vienna during the summer or in his second apartment at the Theater an der Wien.

One of the most important compositions associated with this house is "Leonore". Beethoven's only opera. It was performed for the first time on 20 November 1805 in the Theater an der Wien, against Beethoven's wishes under the name "Fidelio" The opera did not assume its final from until 1814, when a new production was put on in the Karntner for theater.

In this house Beethoven also wrote 5th, 7th, and 8th Symphonies, the Piano Trio in B flat major, and the piano piece. "Fur Flise"'

■ 베토벤의 파스크발라티 하우스 글

7월에 루트비히 판 베토벤(1770~1827)은 그의 제자이면서 친구인 페르디나드 리스에게 다음과 같은 편지를 썼다. 나는 엘베강 상류의 경승지에 편의시설을 갖고 싶다. 리스는 이 명성이 높은 작곡가를 위해서 파스크발라티하우스의 아파트 4층 집을 찾아냈다. 그 집은 성곽으로 에워싸진 도시의 집인데, 넓은 녹색 띠의 요새프스타트의 경사진 언덕 절경에 있었다.

베토벤은 1804에서 1814년까지 이지역에서 살았다. 1810에서 1814년까지는 이 아파트가 아니고 건너편 아파트에서 살았다. 그 아파트는 1791년 조세프 베네딕트 남작 파스콰라티Pasqualati가 지어 근년까지 있었지만 지금은 없어졌다. 그 당시 비엔나의 관습에 따라 그 집은 소유주의 이름을 따서 명명되었다. 파스콰라티의 아들 존은 베토벤과 잘 아는 사이여서 벤토벤을 위하여 아파트를 비워두었다. 베토벤이 여름 동안 빈 밖 어디엔가 다른 곳에 있을 때나 빈 극장의 세컨드 하우스에 있을 때도.

이 집과 연관된 가장 중요한 작곡의 하나는 베토벤의 유일한 오페라인 《레오노레》이다.

1805년 11월 20일 《피델리오》라는 제목으로 베토벤의 반대의견을 무릅쓰고 빈 극장에서 초연되었다. 그 오페라는 개작이 1814년 케른트너토어 극장에서 상연될 때까지 더 이상 상연되지 않았다.

이 집에서 베토벤은 《신포니 5번》《7번》《8번》과 《피아노 삼중주 B 프렛 장조》와 《엘리자를 위하여》를 썼다.

This piano represents a highlight in the study instruments. It is one of the most completely preserved and fascinating of instruments arising from Beethoven's last creative period, as it has remained largely untouched by changes and thus can be admired in its original state.

이 피아노는 악기를 연구하는 대 가장 훌륭한 가치가 있다고 설명하고 있다. 그것은 완전하게 보존되었고 매혹적인 악기 가운데 하나이기 때문이다. 베토벤의 마지막 창작 시기를 소생하게 하는. 그 피아노가 원상태로 남아있기 때문이다. 또한 원형 상태 그대로인 점에 탄복했다.

피아노와 그의 애인의 사진 등이 눈길을 끌었다. 결혼하지 못하고 평생 혼자 산 베토벤! 그가 사랑한 여인들은 십여명이 넘는다. 자료를 찾아보았다.

〈베토벤과 관련된 여인들(만난 시간 순으로 정리)〉

1. 마리아: 첫사랑? 본 시절 피아노 제자인 마리아(베스트홀트 백작 딸). 신분 차이로 이루어지지 못함.
2. 엘레오노레: 피아노 제자. 1802년 베겔러와 결혼. 1826년 베겔러에게 쓴 편지 "자네 아내 로르헨(엘레오노레의 애칭)의 실루엣을 소중하게 간직하고 있다네. 젊은 날에 나를 사로잡았던 모든 것이 여전히 나에게 가장 소중하다네."
3. 여가수 막달레나 빌만. 청혼하였으나 거절당함.
4. 요제피네 폰 브룬스비크
5. 줄리에타 귀차르디
6. 테레제 폰 브룬스비크
7. 에어되디 백작부인
8. 베티나 폰 브렌타노
9. 안토니 폰 브렌타노

10. 테레제 말파티

11. 에르트만 남작부인

이들 중 베토벤의 불멸의 여인은 과연 누구일까? 다음과 같은 흥미로운 글이 있다.

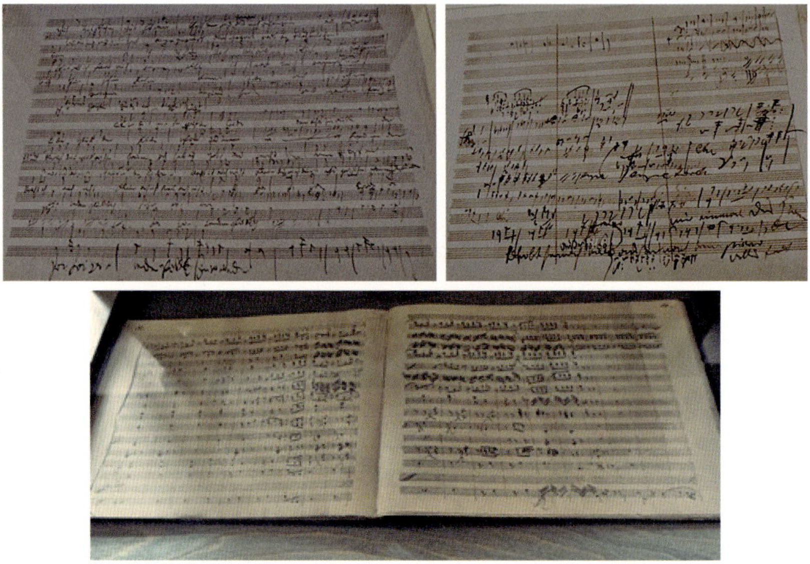

■ 베토벤의 악보

〈불멸의 연인〉은 과연 누구일까? 〈테레제 브룬스비크〉, 〈요제피네 브룬스비크〉, 〈테레제 말파티〉 등이 지금까지 연구 결과로는 셋 가운데 한 사람이 베토벤의 불멸의 애인일 것이라는 사실에 합의된 듯싶다. 1949년 여름, 헝가리 출신의 〈요제피네 데임〉 백작부인과 그의 가족들이 남긴 편지와 문서 등이 경매에 붙여졌는데 그 경매품 속에 지금까지 전혀 공개된 일이 없었던 13통의 베토벤의 편지가 들어있어 비상한 관심을 모았다. 그 편지들의 수신자는 요제피네였으며 베토벤이 쓴 어휘 등의 내용으로 보아 요제피네가 바로 불멸의 연인이 아니었을까 하는 추측을 가능케 했다.

빌리브로르드 요제프 맬러Willibrord Joseph Mähle가 그린 베토벤의 초상화도 있었다.

■ 빌리브로르드 요제프 맬러WillibrordJoseph Mähle 가 그린 베토벤의 초상화

■ 루돌프

빈이 음악의 도시라고 하는데 베토벤의 기념관을 이 정도로 해놓고 그렇게 말할 수 있을까 하는 생각이 들었다.

자연히 잘츠부르크의 모차르트의 기념관과 비교하지 않을 수 없었다. 두 천재의 음악의 차이는 없는데, 기념관은 너무 차이가 났다. 무슨 이유일까?

■ 소금. 후추가루(왼쪽). 식탁용 사탕그릇(오른 쪽)

■ 불멸의 연인–요세피네 폰 브른스비크에게 보낸 편지와 초상

빈의 베토벤 기념관에서는 노 플래시로 사진 촬영이 허용되었다. 관광객 수도 기념관의 크기만큼 차이가 났다. 그러나 모차르트가 죽었을 때는 쓸쓸했지만 베토벤이 죽었을 때는 조객이 2만여 명 이었다고 한다.

빈 대학의 육중한 건물이 비를 맞고 있었다. 그리고 광장에는 황금으로 도금한 자유의 천사상이 내려다 보였다.

The fourth movement of his Ninth Symphony features an elaborate choral setting of Schiller's Ode An die Freude ("Ode to Joy"), an optimistic hymn championing the brotherhood of humanity. In "Beethoven and Shakespeare: Ghosts and Heroes", David Roberts writes about the similarities between Beethoven's personality and Shakespeare's personality. The two men are known to be artistic colleagues, though from different ages in history, for their belief that their own understanding and rethinking of output which their own works entail can never come to a satisfactory end. Both were characterized by invention and reinvention. The expansion of their imaginative journeys had a propensity for joining comedy and tragedy, doing cogitation between rightness and strangeness, as they transcended their own selves in art, whereby nature had clear influences on them and on their works.

《교향곡 9번 4악장》은 쉴러의 《환희의 송가》 시를 정교한 합창곡으로 작곡한 음악이다. 이 곡은 인류애를 옹호하는 낙관적인 찬송가이다. 대니비드 로버트는 베토벤과 셰익스피어의 "영혼과 영웅"이라는 글에서 베토벤과 셰익스피어의 인간성의 유사점에 대해서 쓰고 있다. 두 사람은, 비록 역사상 다른 시대의 사람들이지만, 예술적인 동료이다. 왜냐하면 그들 자신의 작품들이 길이 남을 것을 믿었기 때문이다. 둘은 창작과 재창작으로 특징지어졌다. 그들의 상상력의 여정은 희극과 비극을 결합하는 확장성에 있다. 옳음과 생소함 사이를 숙고하게 하면서 마치 그들이 예술에 스스로를 초월하면서 그에 따라 자연은 그들과 그들의 작품에 관한 영향을 명확하게 하고 있다.

실러의 환희의 송가 시 원문

Freude, schoner Gotterfunken.
Tochter aus Elysium.
Wir betreten feuertrunken.
Himmlische, dein Heiligtum!
Deine Zauber binden wieder
Was die Mode streng geteilt*;
Alle Menschen werden Bruder*
Wo dein sanffer Flugel weilt.
Wem der groBe Wurt gelungen
Eines Freundes Freund zu sein;
Wer ein holdes Weib errungen
Mische seinen Jubel ein!
Ja, wer auch nur eine Seele
Sein nennt auf dem Erdenrund
Und wer's nie gekonnt, der stehle
Weinend sich aus diesem Bund!
Freude trinken alle Wesen
An den Brusten der Natur;
Alle Guten, alle Bosen
Folgen ihrer Rosenspur
Kusse gab sie uns und Reben,
Einen Freund, gepruft im Tod;
Wollust ward dem Wurm gegeben
und der Cherub steht vor Gott.
Froh, wie seine Sonnen Fliegen
Durch des Himmels pracht'gen Plan
Laufet, Bruder, eure Bahn,

Freudig, wie ein Held zum siegen.
Seid umschlungen, Millionen!
Diesen kuB der ganzen Welt!
Bruder, uber'm Sternenzelt
MuB ein lieber Vater wohnen
Ihr sturzt nieder, Millionen?
Ahnest du den Schopfer, Welt?
Such' ihn uber'm Sternenzelt!
Uber Sternen muB er wohnen.

환희의 송가
　　　　쉴러

오! 친구들아 ! 이런 소리 말고,
더 기분 좋게, 그리고 더 기쁨에 찬 음악을 연주하세나 !
환희, 아름다운 신들의 불꽃,
엘뤼시온 (*영웅들이 죽은 후에, 그 영혼이 쉬는 안식처)에서 온 딸,
우리는 당신의 불꽃에 취해,
당신의 신성한 땅, 극락으로 들어갑니다.
당신의 마술은,
현재 유행과 시류가 갈갈이 찢어놓은 것들을
다시 하나로 결속시켜 놓는군요.
당신의 온유한 날개가 머무는 곳에
모든 사람들이 이제 형제-자매가 됩니다.
한 사람의 친구가 될 수 있는 사람,
그리고 한 우아하고 귀여운 부인을 얻은 이,
이 행복과 환희에 끼여들라
이 세계에서 오직 하나의 영혼을 자기 것이라고
부르는 사람도!

그러나 그렇게 할 수 없는 사람은 눈물을 머금고
축제를 즐기는 우리들과는 멀어져야 하네
모든 존재들이 자연의 가슴 품에서 환희를 마시게 하라!
모든 선, 모든 악이 자연의 장미 길을 따라가게 하라!
자연은 우리를 키스해주고, 포도를 주고,
저승까지 따라갈 신의 있는  친구를 주었네,
관능적 쾌락은 지렁이에게까지도 부여되고,
게르빔 천사는 신 앞에 서있네.
기쁘다, 그의 태양이 천체의 위대한 계획대로
달려가듯이 (돌듯이),
형제-자매들이여,
당신들의 길을 즐겁게 행복에 휩싸여 달려가게!
마치 전쟁터에 승리하러가는 영웅처럼.
모든 이들을 포옹하게 하라!
온 세상의 모든 이들을 위해서 키스를!
형제-자매들이여!
별들의 창공위로, 자애로운 아버지, 창조주가 살고 있음에 !
세상 모든 사람들이, 하느님 앞에 무릎을 꿇는가?
당신은 창조주를 예감하는가?
별들의 창공 위에서 그 창조주를 찾으라!
별들 위에 그 창조주가 살고 있음에.

-번역 인터넷에서

2014. 7. 22

# 프란츠 페터 슈베르트 생가와 기념관

Franz Peter Schubert1797. 1. 31 ~ 1828. 11. 19

다음은 빈에서 태어난 슈베르트의 생가에 가보기로 하였다. 슈베르트는 오스트리아의 음악가, 작곡가이다. 모차르트-베토벤-슈베르트로 이어지는 각 세대를 대표하는 천재음악가 3명중 마지막 인물이다.

■ 슈베르트의 생가

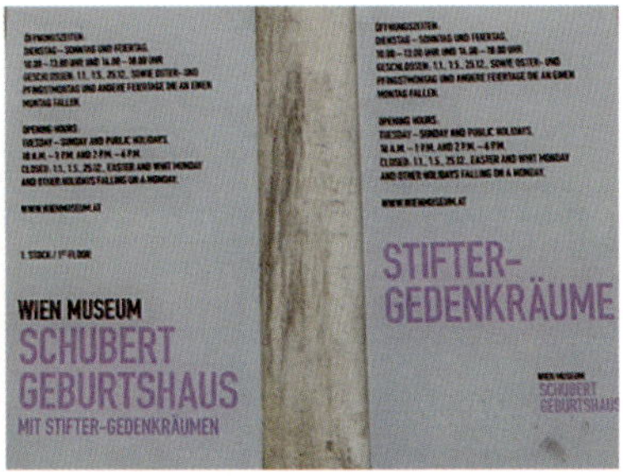


■ 기념관 지정

■ 편지

■ 슈베르트의 깨진 유리알의 안경

■ 슈베르트의 부모

■ 슈베르트의 초상

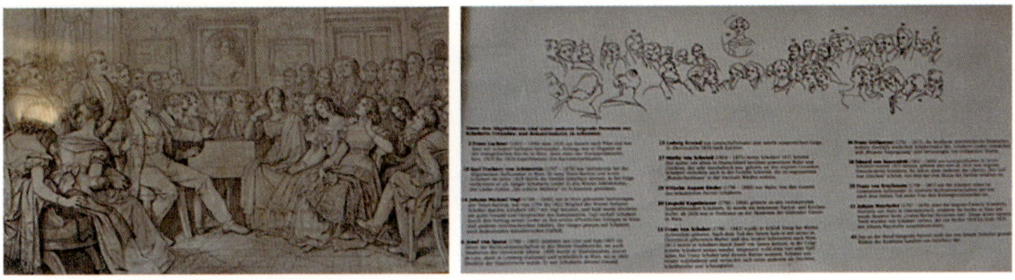

■ unter den abgebildeten sind unter anderen folgende personen aus schuberts freundes -und bekanntenkreis zn erkennen

내비에 슈베르트의 생가 주소를 입력했다. 정확하게 데려다주었다. 베토벤의 유서의 집보다 훨씬 시가 중심지에 있었다.

베토벤의 유서의 집과 똑 같았다. 음악가의 유물은 별로 없었다. 31세의 젊은 나이로 죽은 그에게 유물이 많을 리가 없을 것이다. 그래도 이 기념관이 유지되는 것이 기적 같았다.

피아노와 기타, 유리가 금간 안경, 그의 흉상, 사진 몇 장이  전부인 것 같았다.

■ 기념관 건물

■ 슈베르트의 피아노

베토벤의 두 기념관과 같이 이 기념관에 대한 설명문이 있어 소개한다.

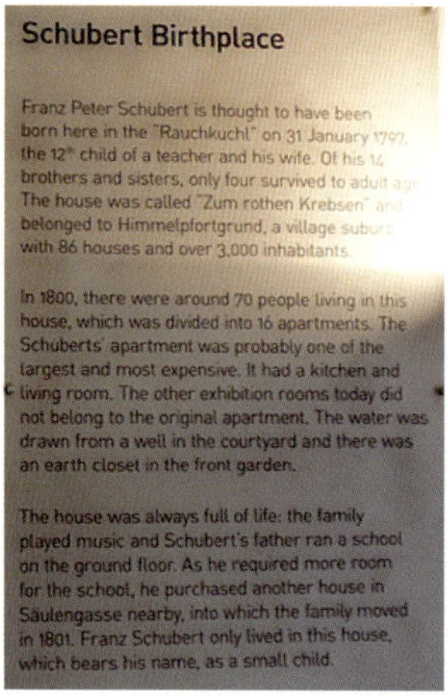


Franz Peter Schubert is thought to have been here in the "Rauchkuchl" on 31 January 1797, the 12 child of a teacher and his wife of his 14 brothers and sisters, only four survived to adult age. The house was called " Zum rothon Krebsen" and belonged to Himmelpfortgrund, a village suburb with 80 houses and over 3,000 inhabitants. In 1800, there were around 70 people living in this house, which was divided into 16 apartments. The Schuberts' apartment was probably one of the largest and most expensive. It had a kitchen and living room. The other exhibition rooms today did not belong to the original apartment. The water was drawn from a well in the courtyard and there was an earth closet in the front garden. The house was always full of life: the family played music and Schubert's father ran a school on the ground floor. As he required more room for the school, he purchased another house in Saulengasse nearby, into which the family moved in 1801, Franz Peter Schubert only lived in this house, which bears his name, as a small child.

프란츠 페터 슈베르트는 1797년 1월 31일 이곳 "리히텐탈"에서 선생인 아버지와 어머니 사이에서 14명의 형제 중 12번째 자녀로 태어났다. 그 집은 "줌 록헨 크렙센" 이라고 불려졌고 힘멜포르트그룬트Himmelpfortgrund 지역에 속했으며 80 가호에 삼천 명이 사는 마을 이었다. 1800년에 이 건물은 아파트가 16 가구 이었으며, 그 집에는 약 70명이 살았다. 슈베르트의 아파트는 부엌과 거실이 있는, 아마 가장 크고 비싼 아파트 중 하나였을 것이다. 지금 다른 전시실들은 원래의 아파트는 아닌 것 같다. 물은 앞 정원의 자투리땅에 있던 우물에서 길어왔다. 그 집은 항상 삶으로 충만했다. 가족들은 음악을 연주하고 슈베르트의 아버지는 1층에서 학교를 운영했다. 그가 학교를 위해서 더 많은 공간이 필요해서 가까운 사우렌가세Saulengasse에 집을 사서 가족들은 1801년 그곳으로 이사를 갔다. 프란츠 페터 슈베르트 만이 이집에서 살았다. 그래서 이집은 유년시절부터 슈베르트의 이름으로 명성을 얻었다.

슈베르트는 어릴 때부터 음악을 좋아하던 집안의 분위기 속에서 자연스럽게 음악을 배우게 되었다. 6살부터 피아노를 배웠으며 큰 형에게 바이올린을 배우기도 했다.

슈베르트는 어린 시절 탁월한 미성을 가지고 있었다. 11살때(1808년) 스타드콘빅트(궁정 신학원)에 장학생으로 입학했고 아름다운 목소리 덕분에 빈 궁정예배당의 아동 합창단에 뽑혔다. 슈베르트는 그 시기부터 본격적으로 음악공부를 했는데 특히 모차르트와 베토벤의 음악에 큰 관심을 보였다.

■ 슈베르트의 첫 사랑의 연인 테레제 그로브Therese Grob와 그녀에게 보낸 편지인듯

■ 슈베르티아데Schubertiade, 연극 리허설을 하는 친구들과 슈베르트

1814년 슈베르트는 최초로 발표된 큰 작품인 F장조의 장례미사곡을 작곡했는데 이때 독창을 맡았던 한살 아래의 테레제 그로브Therese Grob와 사랑에 빠졌다. 하지만 두 사람의 사랑은 테레제 부모의 반대로 결실을 맺지 못했다.

그 해 유명한 가곡 《실을 잣는 그레트헨》《마왕》 등이 작곡되었다.

이듬해인 1815년에는 무려 145곡의 가곡과 2곡의 교향곡 등 많은 작품을 작곡했지만 소수의 친구들 말고는 아는 이가 없었다.

19살이던 1816년, 초등학교 교사 일에 신물이 난 슈베르트는 교사직을 그만둔다. 작곡에 매달려 가곡《방랑자》《자장가》 등이 작곡되었다.

그의 친구에게 보낸 마지막 편지

잘 있었어. 나는 너무나도 아프다네. 고열과 어지러움이 계속되고 정신을 유지하기도 힘드네. 먹을 것을 먹는 즉시 토해버리고 열하루 째 물만 마시고 있어.

그나마 페르디난트 형과 린나(누이동생)가 정성을 다해 간호하고 있어줘 얼마나 고마운지 몰라. 간혹 좀 낫기도 하고 그러면 책을 읽고 있다네, 지금『마지막 모히칸』이라는 소설을 재미있게 읽었네. 이책 작가인 쿠퍼가 쓴 다른 책이 있으면 좀 빌려줄 수 있겠나?

1828년 11월 12일.

자네의 친한 친구인 프란츠가

슈베르트는 원인을 알 수 없는 병에 걸렸고 1828년 11월 19일 혼수상태에 빠져 둘째 형 페르디난트의 집에서 31살이라는 너무나도 한창의 나이에 삶을 마감했다. 혼수상태였을 때 "묻혀지는...... 건... 싫어... 홀로 있는 건 싫어......" 라고 중얼거리자 페르디난트가 모두 걱정하여 모였다면서 걱정마라고 하자 갑자기 그는 하지만 여긴 베토벤이 없어! 라고 말했다고 한다.

베토벤 곁에 묻히기를 원했으나 처음에 반대가 심했다. 후원자이던 존라이트너 백작이 20년 아니, 10년만 더 살았더라면 베토벤 못지않게 유명한 음악가가 되었을 거라며 적극 옹호한 끝에 묻힐 수 있었다고 한다.

겨우 31살의 짧은 인생을 살았지만 모차르트보다 더 많은, 무려 998곡의 작품들을 작곡했다.

빈에 있는 중앙묘지에 가면 가운데에 모차르트의 기념비가 있고 왼쪽에 베토벤, 오른쪽에 슈베르트의 묘지가 있다.

세계 위인의
생가를 찾아서

# 프란츠 카프카 박물관

Kafka Franz1883~1924

■ 카프카 기념관 가는길-자물통

■ 카프카 문학의 주제(인간의 부재와 고독, 부조리와 상실)을 표현한 작품

■ 카프카 기념관 앞에 있는 오줌 누는 조각

2014. 7. 24

# 프란츠 카프카 박물관

Kafka Franz1883 ~ 1924

프라하 호텔에 도착해서 카프카 기념관을 물었더니 카를교 건너편에 있단다. 이어서 릴케의 뮤지움을 물었더니 그 유명한 릴케의 이름조차도 모르고 있었다. 유명한 시인이라니까 인터넷으로 찾아보더니 없다고 말했다. 프라하는 릴케가 태어나고 프라하 대학에서 공부한 곳인데, 이 도시에 릴케의 박물관이 없다니 어디 있단 말인가? 스위스의 베이러스의 릴케 박물관에 갔을 때 독일어와 불어로만 써놓아서 프라하에는 틀림없이 좋은 박물관을 기대했는데 헛일이었다.

카를교가 멀리서 나타났다. 유명한 다리답게 사람들이 몰려있었다. 다리 이쪽에는 말라스트리나 교탑Mala Strana bridge tower이 있었다. 그리고 다리위에는 수많은 동상들이 있었다. 동상은 오래돼서 그런지 거미줄이 쳐져 있는 곳도 있었다. 차가 다니지 않는 다리는 참 튼튼했다. 거리의 화가들, 거리의 악사들이 많았다. 사진을 찍으며 다리를 다 건너, 아래를 내려다보니까 자물통을 매달아놓은 곳이 있었다.

카프카 뮤지움은 다리에서 가까운 곳에 있어 찾아가기도 수월했다. 뚱뚱한 할머니가 기념관을 지키고 있었다. 카프카 뮤지움은 그의 명성답게 현대적으로 잘 꾸며놓았다. 영상자료도 많았다. 가끔 영어로 번역된 문장도 많아 영어 사용 국가의 사람들을 배려한 것 같았다. 그의 소설은 걸작이지만 사실 난해한 작품이다. 어떤 의미에서는 카프카 소설의 주된 주제가 되게 한 아버지에게 보낸 편지가 눈에 띄었다. 사실 카프카는 살아있을 때는 전혀 평가를 받지 못했다.

Franz Kafka, Letter to His Father, 1919

"You, on the other hand, a true Kafka in strength, health, appetite, loudness of voice, eloquence, self-satisfaction, worldly dominance, endurance, presence of mind, knowledge of human nature, a certain way of doing things on a grand scale, of course also with all the defects and weaknesses that go with all these advantages and into which your temperament and sometimes your hot temper drive you."

Facsimile Courtesy of Deutsches Literaturarchiv Marbach

프란츠 카프카, 1919년 아버지에게 편지

한편, 아버지는 힘, 건강, 욕망, 음량, 웅변, 자신감, 세계적 우월성, 지구력, 평정심, 인간애 대한 이해, 많은 이익과 결부되어 있는 큰 손실과 취약한 일을 처리하는 확고한 솜씨를 소유하신 진정한 카프카가 사람입니다. 아버지의 기질과 열정이 가끔 저로 하여금 일에 몰입하게 해요.

■ 1919년 대학시절의 초상과 아버지에게 보낸 편지

▪ 카프카의 육필 편지　　▪ 그의 책 표지 그림

카프카 기념관을 젊은이들이 많이 보는 것도 의외이었다. 사진 촬영이 금지되었으나 나는 중요한 것은 사진에 담았다. 프라하에 언제 온단 말인가? 다시는 못 온다.

카프카는 베르타 한다 하우스의 철학 서클에 참가했다.

▪ 철학 써클을 주도한 베르타 환타와 물리학자 필립 프랭크

The philosophy circle at Fanta house, Berta Fanta was a kind of Madame de Stael of Prague. Her house, which stood out for the unicorn on the facade, was the venue for intellectual soirees where the reading matter was Hegel, Fichte and Kant, and where lectures were given on the big new themes of the time, such as psychoanalysis, the theory of relativity, transfinite numbers or quantum theory. In addition to Kafka, Brod and Weltsch, other frequent visitors were the mathematician Gerhard Kowalewski, the philosopher Christian von Ehrenfels, the physician Philipp Frank, and Abert Einstein, who was then teaching in Prague.

환타 하우스의 철학적인 서클에서 베르타 환타는 일종의 프라하의 마담 드 스탈이었다. 표면적으로는 유니콘을 표방하는 그녀의 집은 헤겔, 피이테, 칸트를 읽고 시대의 크고 새로운 주제인 정신분석학, 상대성 이론, 초한수, 양자이론 등을 강연하는 밤에 모이는 지식인의 집합소이었다. 카프카 이외에도 막스 브로드, 로버트 Weltsch와, 자주 방문하는 사람으로는 수학자 게르하르트 Kowalewski, 철학자 크리스찬 von Ehrenfels, 물리학자 필립 프랭크 그리고 프라하에서 교편을 잡고 있던 알버트 아이슈타인도 있었다.

* 마담 드 스탈Madame de Staël은 프랑스의 낭만주의 소설가이자 비평가이다.

카프카의 대표작이라 할 수 있는 성에 대한 글도 게시해놓았다.

The castle

"(...) gazing upward into the seeming emptiness."

Almost everything has been said about the Castle by Franz Kafka, since its publication in 1926, a legion of interpreters have attempted to figure out what it is, what it means, which is hidden in this enigmatic novel. The first generation, headed by Max Brod, tell us that the basic theme is the irreconcilable nature of the human and the divine. Later exegetes speak of the decline of a civilsation, of a tortuous description of the bureaucratic machinery, of the obsessive account of impossible integration, not forgetting the autbiogruphical component, because the work can also be seen as a terrible fable about Kafka's life in Prague

Psychoanalysts, Marxists, existentialists, structuralists and pos-structuralists have contributed new interpretations of the complex symbolism of the castle, and the novel has merely swelled its semantic status. Yet we should not forget that the works of literature which each age selects as being representative are also what they awake in the most anonymous of their readers. Let's investigate that great mirage and update the enigma.

프란츠 카프카의 작품,『성』에 대해서 끝임 없이 논해왔다. 1926년 그책이 발간된 이래로 해석의 다수는 성城이 무엇인가, 성은 무엇을 의미하는가. 이 수수께끼 같은 소설의 어디에 무슨 의미가 숨어있는가를 상상해 내는 것이었다. 맑스 보로드에 지칭되는 제일 세대에는 우리에게 기본적인 태마는 인간과 신의 화해할 수 없는 숙명이라고 말했다. 그 후 분석가들은 문명의 퇴락, 관료조직의 우회적 묘사, 불가능한 조정의 총체적인 강박관념, 자전적인 구성요소의 상실 이외에 이 작품은 프라하의 카프카 일생에 대한 무서운 우화로 보여줄 수 있다.

정신분석학자, 마르크스주의자, 실존주의자, 구조주의자 그리고 포스트 구조주의자들은 성의 복잡한 상징주의의 새로운 해석에 기여했다. 그리고 그 소설은 단지 의미론적인 초상으로 부풀렸다. 아직도 우리는 각 세대에서 대표작으로 선택한 그 문학작품을 잊어서는 안 될 뿐만 아니라 독자들 역시 이 수수께끼를 깨닫는 것이 가장 중요하다. 그 위대한 신기루를 조사 연구해서 수수께끼를 새롭게 해석하자

■ 그가 발간한 책들

카프카의 진정한 가치를 발견한 사람은 사르트르와 까뮈였다. 사르트르와 까뮈를 비롯한 실존주의 작가는 물론이요, 그의 작품을 읽는 많은 독자들은 카프카에게서 인간 운명의 부조리 성, 존재의 불안을 발견하였다. 그는 현대라는 새롭게 시작되는 시대의 불안과 그 안에서 인간이 경험하게 될 실존적 체험을 극한까지 표현하고 있기 때문이다.

전시실에는 미발표, 미완성된 작품에 대한 설명도 있었다. 훌륭한 전시실이었으나 사진 촬영이 금지 되어 그것이 불만이었다.

카프카와 펠리체 바우어Felice Bauer와의 첫 대면1912. 8. 13을 그의 일기장에 다음과 같이 기록하였다.

> "아가씨 F.C. 내가 8월 13일 브로트 집에서 식탁에 앉아있는 그녀를 보았을 때, 그녀는 마치 식모와 같은 인상을 주었다. 난 그녀가 누군지에 대해 별로 관심이 없었고, 그녀의 존재에 대해 곧바로 나름대로 정리를 하였다. 블라우스를 걸쳐 입은 모습이 아주 가정적으로 보였으나, 잠시 후 그녀는 이 인상과는 전혀 다른 모습을 보였다... 울퉁하고 빈 얼굴은 공허 그대로였으며, 삐뚤어진 코, 약간 무디고 매력 없는 금발, 거센 턱. 식탁에 마주 앉으면서 그녀를 처음으로 자세히 눈 여겨  보면서 나는 그녀에 관해 확고한 판단을 내렸다. "

이 짧은 기록에서 펠리체 바우어는 마치 카프카 소설의 한 인물처럼 묘사된 것에서 우리는 그녀의 존재가 카프카의 삶에 어떠한 변화를 가져오게 되었는지, 아마 미루어 짐작하기 힘들 것이다. 그러나 이 첫 대면 후 카프카는 그야말로 억제할 수 없는 창작열에 사로잡히게 된다. 약 한달 후 그는 하루 밤 사이에 (9월 23일) 유명한 단편 "판결"을 써서 펠리체 바우어에게 바치게 된다. 그리고 그가 그녀에게 수도 없이 써 보낸 편지는 훌륭한 서한문학으로 평가됨과 동시에, 오늘날 카프카의 심오한 문학세계를 이해하는 데 좋은 실마리를 제공하고 있다고 한다.

## 카프카에 대한 간단한 설명

카프카는 체코 태생의 독일 소설가. 거대한 메커니즘의 현대사회와 그 사회에 속한 개인의 불안을 우의적인 기법으로 그려내는 한편, 고독하고 소외된 인간이 그 수수께끼를 꾸준히 규명해나가는 과정을 정밀하게 표현하였다.

사후 유고가 발표되면서 전중 · 전후의 문학세대에 크게 영향을 미쳤다. 구舊오스트리아령 프라하에서 태어나 학생시절부터 M.브로트와 교우하였다. 노동자 상해보험회사라는 준국가기관에서 근무하면서 문학에 전염하였다. 같은 여성과 2번 약혼하였다가 결국 헤어지고 폐병으로 요양원에서 죽었다. 아버지에 대한 공포심, 관료기구와의 고투가 그의 작품에 크게 영향을 미쳤다. 기괴한 제재에 냉철한 즉물적 문체로 써져 단절된 세계나 미로에 이끌리는 점이 특징이다. 작품으로는『심판』『성城』『변신』『아메리카』단편집 『시골의사』 등이 있다.

- 인터넷에서

# 고트프리트 빌헬름 라이프니츠와 프리드리히 니체

Gottfried Wilhelm Leibniz1646. 7. 1~1716. 11. 14

Friedrich Wilhelm Nietzsche1844. 10. 15~1900. 8. 25

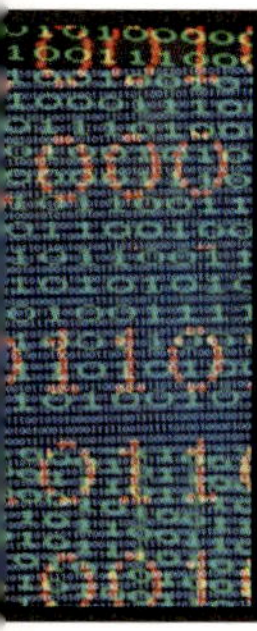

- 라이프니츠의 이진법은 분명히 〈라이프니츠 단계 계산기〉 구분되는 두 개의 기호(예를 들어 0과 1)를 체계적으로 반복할 경우 지금까지 10진법으로만 표현되었던 모든 수를 완전히 표현할 수 있다

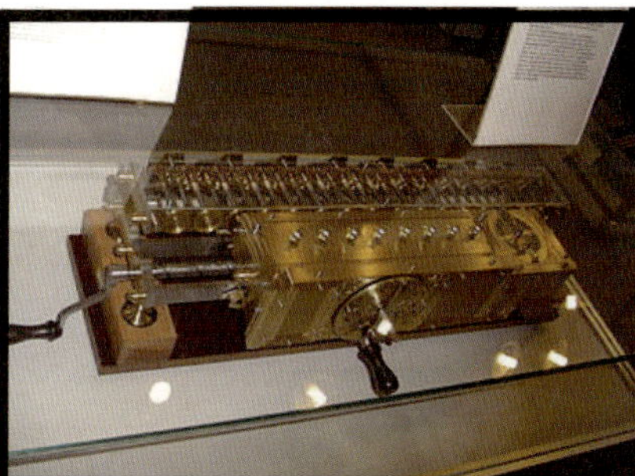

- 철학자 니체

- 뢰켄에 있는 니체 기념관

2014. 7. 25

# 고트프리트 빌헬름 라이프니츠

Gottfried Wilhelm Leibniz1646. 7. 1 ~ 1716. 11. 14

음악의 도시 프라하를 떠나 철학의 도시 라이프치이Leipzig로 향했다. 라이프치이는 독일의 수학자이며 철학가인 라이프니츠를 연상하게 한다.

라이프치이는 독일에서 고전음악과 오페라로 유명하며 바흐, 바그너, 멘델스 존의 고향이고 파우스트의 무대가 되었으며 괴테가 라이프치 대학에서 법률을 공부할 때 거주하였으며 자주 다니던 식당 아워바흐 켈러Auerbachs Keller가 있다.

또한 동독에 속했던 1989년 민주화 혁명에서 주도적인 역할을 한 '영웅들의 도시'라 지나는 길이지만 꼭 가보고 싶었다.

괴테가 자주 다녔다는 고전 레스토랑인 아워바흐 켈러가 어떤 식당일까? 퍽 궁금했다. 아워바흐Auerbachs Keller의 주소를 입력했다.

베를린까지는 350km인데 라이프찌히로 둘러 가면 400km가 넘을 것 같아서 8시에 출발했다. 강을 건너 프라하 성 쪽으로 차는 달렸다.

국경 근처에 가서 내비가 이상해졌다. Unmaped zone이 나오기 시작했다. impossible U-turn이 계속 나오는 것이었다. 똑바로 가는 것 같은데 말이다.

스위스의 체르마트에서 인터라켄으로 가는 도중에 Simplon Pass를 지날 때도 그랬었다. 우리는 앞으로 계속 갔다. 메시지가 자주 떠서 주유소에 가서 확인해도 그 길이 맞는다는 것이었다. 우리는 그런 경험을 이미 했다.

독일 쪽에는 나무를 잘 가꾸어놓았다. 산에 나무만 봐도 독일이구나 하는 생각이 들었다. 침엽수림의 경제림이 빽빽이 들어선 것을 보면 역시 독일은 국가 경영을 잘 하는구나 하는 생각이 든다.

■ 아워바흐Auerbachs Keller 표시

국경을 넘어 켐니츠Chemnitz에 도착 주유소에 가서 기름을 넣고 도로를 달리다가 u-turn해서 달리니까 내비가 제대로 작동했다. 그 이유는 방향을 반대로 잡은 것이었다.

라이프찌히에 도착한 것은 12시 경이었다. 주차를 하고 아워바흐를 찾았다. 지하에 있는 제법 큰 식당이었다. 음식 값이 비쌀 줄 알았는데 저렴한 편이었다. 손님들도 그렇게 많지 않았다. 나는 커피를 마시고 소라는 콜라를 마시며 음식을 시켜 먹었다.

점심식사를 하고 나오는데 비가 내렸다. 라이프찌히 도시는 깨끗했고 웅장했다. 바흐가 묻혀있다는 교회를 찾았으나 못 찾고 베를린을 향해서 떠났다.

독일의 날씨는 걷잡을 수가 없다. 구름이 늘 끼어있고 비도 자주 내린다.

베를린으로 가는 고속도로는 폭이 넓고 4차선 도로이었다. 공업국가인만큼 화물차가 많았다.

철학자 라이프니츠는 어떤 사람인가? 그에 대한 설명을 적어 본다.

탁월한 형이상학자이자 논리학자로서 미·적분의 독창적 발명으로 유명하다. 1661년 부활절 학기에 라이프치히대학교에 들어가 법학을 공부하면서 갈릴레오, 프랜시스 베이컨, 토머스 홉스, 르네 데카르트 등 과학과 철학을 혁명적으

로 발전시킨 사람들의 사상에 접하게 되었다. 라이프니츠는 일생 동안 이 근대 사상가들과 스콜라주의화한 아리스토텔레스를 '화해'시키려고 노력했다. 1673년 계산기를 발명했으며, 1675년말 적분과 미분의 기초를 세웠다. 모든 방면에서 쓸모있는 사람이 되고자 노력한 라이프니츠는 교육이 더욱 실용적이어야 하고 아카데미를 설립해야 한다고 제안했다. 수력압착기·풍차·램프·잠수함·시계 등 갖가지 기계장치들을 연구했다.

라이프니츠는 1646년에 독일의 라이프치히에서, 철학 교수인 아버지 프리드리히 라이프뉘츠Leibnütz와 어머니 카테리나 슈무크 사이에서 태어났다. 아버지는 일찍 죽었지만 많은 장서를 남겨 놓아 지적호기심이 강한 라이프니츠로 하여금 해박한 지식을 갖도록 했다. 초등학교에 입학하기 전에 독학으로 라틴어를 공부했고 어린시절 스콜라 철학에 관한 폭 넓은 지식을 갖추었다고 한다. 열두 살 때 이미 논리학의 문제에 대해 숙고하기 시작하여, 열네 살의 나이에 라이프찌히 대학에 입학할 정도로 조숙하였다.

라이프니츠에 관한 가장 관심을 끄는 이야기는 미적분의 발견에 관한 것이다. 원래 미적분은 뉴턴이 라이프니츠보다 먼저 발견하고도 발표를 미루고 있었는데 이를 모르고 독자적으로 미적분을 발견한 라이프니츠가 먼저 발표하자 뉴턴쪽에서 표절 시비를 제기하였다. 이 문제는 1712년 영국 왕립 협회가 뉴턴의 편을 들어줌으로써 끝났으나, 라이프니츠의 말년을 매우 우울하게 만들었다.

하지만 일반적 평가는 미적분의 발견은 뉴턴이 조금 빨랐으나 발표와 실용화는 라이프니츠가 먼저였다는 쪽으로 정리되어가는 듯하다.

-인터넷에서 종합

* 시간 관계로 라이프치이에서 그의 기념관을 가보지 못한 점 많은 후회가 된다. 따라서 이렇게 밖에 쓸 수 없었다. 기회가 되면 꼭 탐방하고싶다.

# 프리드리히 빌헬름 니체

Friedrich Wilhelm Nietzsche1844. 10. 15 ~ 1900. 8. 25

내가 좋아하는 철학가는 "신은 죽었다"로 유명한 니체이다. 그는

> 신이란 인간이 만들어낸 최고의 가치를 가리킨다. 신의 죽음은 신앙의 종말을 의미한다. 다시 말해 최고 가치의 상실을 의미한다. 종교적 신, 합리주의 신조, 학문적 진리(이데아), 공리주의, 노동자 천국 등의 신앙이 상실되어 사람들이 허무해진 상태를 가리키는 표현. 달리 말해, 신의 죽음이란 허무주의(니힐리즘)의 도래를 가리키는 표현이다. 그러나 중요한 것은 신의 죽음이 초래하는 허무주의 그 자체가 아니다. 그보다 더 중요한 것은 다음의 질문이다. "삶의 최고 가치가 상실된 상태에서 개인은 어떻게 살아야 할 것인가?"

니체는 프로이센 작센의 뢰켄에서, 시골 목사의 장남으로 태어났지만, 1865년 리칠 교수를 따라 라이프치히 대학으로 옮겼다.

니체는 철학과 신학뿐만 아니라 심리학, 음악, 언어학, 문학 등에도 탁월한 재능을 발휘한 사람이다.

니체 없이는 20세기 철학, 신학, 심리학을 생각할 수 없다고 평가할 정도란다. 그의 영향을 받은 후학들이 부지기수이다. 그를 실존철학의 효시라고 한다. 그의 시 한 편을 감상해보자

《우상의 황혼》

> 모든 시대의 현자들은 삶에 대해 같은 결론을 내렸다: 삶이란 의미 없는 것이라고 말이다.
>
> 언제 어디서든 그들은 한결같이 말했다.

- 의심으로 가득찬 소리, 우울함과 권태감으로 가득찬 소리, 생에 적대적인 말.
소크라테스도 임종을 맞으며 이렇게 말했다:
"산다는 것 - 그것은 오랫동안 병들어 있었다는 뜻이지:
나는 구원자 아스클레피오스 신에게 수탉 한 마리를 빚졌다네."
소크라테스도 삶에 지쳐 있었던 것이다.

한때 구용시사에게 서양은 문학작품에 철학이 있는 것 같은데 동양문학에는 철학이 왜 없는가 물은 일이 있다. 은사는 말하기를 동양은 종교에 철학이 있지만 서양은 종교에 철학이 없다는 것이었다. 그래서 서양은 철학이 체계적으로 발달했고 문학작품에도 자연히 스며들게 된 거라고 말씀하신 적이 있다. 반대로 동양에는 종교에 철학이 있기 때문에 철학이 따로 발전할 필요가 없었다는 것이었다.

니체는 루 살로메를 친구 레로부터 소개받아 자신을 이해하고 철학에 대해 함께 논할 수 있었던 그녀를 매우 사랑했지만 그녀는 그의 사랑을 거절하며 그에게 정신적 고통을 주었다. 레는 자살했고 니체는 정신병에 걸려 여생을 광인으로 살아야했다.

루 안드레아스 살로메는 러시아 태생의 독일 여류문인이다. 많은 소설과 수필 등의 작품을 남겼으며 특히 니체, 릴케, 프로이트 등 당대 유럽 최고의 지성인들을 매혹시키며 이들과 사랑과 교감을 나누며 이들에게 창조적 영감을 주었던 마력의 여인이다. 소설이외에『릴케』『프로이트에 대한 나의 감사』등이 있다.

-위키 백과

니체는 '망치를 든 철학자' 로 부를 만큼 서구의 기독교적인 전통을 깨부수고 새로운 사고 체개를 세우고자했다. 어설픈 나의 글보다 이 점에 대해서 나무위키의 니체의 영향을 인용하는 것이 좋을 것 같다.

니체는 20세기 지성사에 거대한 영향을 미친 사상가이며, 그의 사상은 21세기의 오늘날에도 그 사상적 중요성과 적시성으로 인해 여전히 철학적 담론의 중심에 서 있다. 니체의 영향으로 이성 중심의 학문들(모더니즘)은, 감정적이고 실험적인(아방가르드) 시도들의 학문(포스트모더니즘)으로 변모했다. '이성' 중심은 감성이나 표현 중심으로, '주류' 중심은 비주류나 다양성 중심으로, '다수' 중심은 '개인' 중심으로 발전하였으며, 이들은 수많은 이론과 사조를 만들어내며 꽃을 피웠다. 이는 철학에만 국한되지 않고, 문학·음악·미술·무용·건축·정치학·사회학·신학·심리학/심리치료이론 등 정신사와 문화사 전 영역에 영향을 미쳤다.

니체는 처음에 시인, 철학자 혹은 예술가, 철학자로 이해되었다. 니체 사후에 학계는 니체에 대해 침묵했으나 1940년 전후 하이데거에 의해 니체는 서양 형이상학 전통으로 등재된다. 이후 1960년대 프랑스에서 니체는 화려하게 부활했으며 19세기 최고의 철학자 가운데 한 명으로 간주되었다. 이 때, 니체의 사상은 철학 이외에도 사회학, 신학, 심리학, 문학, 음악 그리고 조형 예술에 이르기까지 다양한 분야에서 수용되면서 20세기의 철학자로 우뚝 떠올랐다. 1960년대 이후 구조주의의 그림자를 밟은 일군의 프랑스 철학자들은 '니체만 아는 니체'에서 한 걸음 나아가 '니체가 모르는 니체'를 기획하기 시작했다. 니체는 프랑스 철학자들의 '헤겔 이후에 새로운 철학은 가능한가?'라는 질문에 답할 수 있는 근거였다. 그 답변들이 1980년대 이후 국내 학자들에게도 적극 수용되었다. 하이데거와 프랑스 현대 철학자들은 니체와 함께 프로이트와 마르크스를 호출했다. 라캉은 프로이트를, 알튀세르는 마르크스를, 푸코와 질 들뢰즈 그리고 데리다는 니체를 불러냈다. 이 탈근대 사상가들은 저마다 다른 무기를 통해 유럽 모더니즘의 척추인 기원과 중심을 공격하기 시작했다. 예컨대 들뢰즈는 니체의 망치를 들고 프로이트를 가격한다. 프로이트의 오이디푸스 콤플렉스가 자본주의의 반인간적인 측면을 강화했다는 것이다.

세계 위인의
생가를 찾아서

# 고흐 미술관

Gogh, Vincent Willem van1853 ~ 1890

▪ Portrait of the Postman Joseph Roulin(1889)

▪ Vase With Lrises Aqainst a Yellow Bachground

▪ 아를의 노란집

▪ 황혼의 씨 뿌리는 사람

▪ 선한 사마리아인

2014. 7. 27

# 고흐 미술관

Gogh, Vincent Willem van1853 ~ 1890

고흐Gogh, Vincent Willem van1853 ~ 1890는 네덜란드의 화가이다. 생전에 가장 불행했으나 사후에 가장 각광을 받는 미술가를 들라면 누구나 빈센트 반 고흐를 드는데 주저하지 않을 것이다. 그래서 그의 그림은 서울에서도 많이 보았다. 그리고 파리의 오르세 미술관에서 특별 전시회를 보았다. 서울이나 파리에서도 사진 촬영이 금지되었다. 이곳 암스테르담에서도 사진 촬영이 금지되었다.

■ 농가Farm Cottage

2014년 5월 27일 에펠탑을 본 후 세느강 강변을 따라 한 시간은 걸어서 로이얄 브리지에 도착했다. 그 다음 다리 옆에 오르세 미술관은 있었다. 미술관 앞에 커다란 코끼리 조각이 있고 미술관 앞 광장에 사람들이 가득했다. 지그재그로 이어진 줄은 끝이 보이지 않았다. 줄 끝을 찾아 끝에 섰다. 반 고흐/아르토Van Gogh/ Artaud 특별전이라 그런지 굉장했다. 오르세미술관은 뉴욕의 구겐하임미술관과 대비되는 유명한 미술관이란 유명세 때문인지, 파리에서 관광객들이 최고로 많았다.

소지품 검사를 통과한 후 소지품을 맞기고 안으로 들어갔다. 입장료가 15유로씩 30유로인데 2~3유로 할인받고는 오디오 값으로 10유로를 받았다. 얄팍한 상술에 혀가 내둘렸다.

파리에서도 사진 촬영은 철저히 금지했다. 안으로 들어갔더니 고흐의 작품이 꽉 찼다. 이렇게 많은 고흐의 작품을 본 일이 없다. 고흐의 특별함은 그림에 무뢰한인 나에게도 어느 그림이라도 턱 보면 고흐의 작품이구나 하는 독특한 느낌이 든다. 아르토Artaud의 작품에 기대를 걸었으나 별루이었다. 다른 화가의 작품도 보자고 해서 밀레의 씨뿌리는 사람 등을 보고 돌아왔다.

■ 고흐의 물감과 팔레트

■ Letter from Emile Bernard to Albert Aurier about Van Gogh's breakdown and Crisis 1. 01. 1889

■ 이 사진에는 고흐가 마지막 산 1890년 오베르 쉬르 우아즈의 하숙집, 테호와 나란히 묻힌 무덤, 반 고흐의 사망 광고, 그를 소재로 한 만화, 그의 걸작 중 하나인 까마귀가 나는 밀밭 등이다. 다음은 예술가의 방까지는 사진 촬영이 허용되었다.

7월 31일 암스테르담 국립미술관Rijksmuseum과 반 고흐 미술관Van Gogh Museum에 가기로 했다. 네덜란드는 미술관에서 사진 촬영이 허용되고 국립미술관도 여행 안내서에 Don't Miss로 소개된 곳이다.

호텔 앞에서 트렙을 타고 10분쯤 간 후 내렸더니 미술관이 보였다. 2009년 보수공사가 끝나 지난해에는 200만 명 이상의 관객이 찾았다고 한다.

팸플릿을 보니 오른쪽 날개는 1100-1600. 1800-1900. 1650-1700. 1900-1950으로 시대를 구분하여 전시하고 왼쪽 날개는 Special Collection. 1700-1800. 1600-1650. 1950-2000의 작품을 전시하고 사진 촬영이 허용되었다.

2시간 반 동안 열심히 보고 사진 촬영을 많이 했다. 밖에 나와 점심을 먹고 반 고흐 미술관에 갔다. 5분 거리이었다. 오르세 미술관처럼 관람객이 많아 줄을 서 있었다. 국립미술관에도 관람객이 많았지만 줄을 설 정도는 아니었다. 근 40분이나 기다린 후에 들어갈 수 있었다. 이곳도 오르세 미술관처럼 사진 촬영이 금지되었다. 사실 사진을 찍을 목적으로 들어갔는데 허사가 되었다. 왜 고흐미술관은 서울이든 파리든 암스테르담이든 사진촬영이 금지되는지 이해할 수 없었다. 팸플릿도 성의가 없었다.

초기의 작품에서부터 완성기의 작품까지 화풍이 다양했다. 작품 수도 엄청 많았다.

고흐를 위한 훌륭한 미술관이 틀림없었다.

기념품상점에 가서 책을 2권 샀다. 한 권은 반 고흐의 책이고 또 한 권은 인상파 화가들의 책이다. 물론 영어로 된 책이다. 사위에게 줄 선물이다. 두 권에 59유로이었다. 미술을 전공한 사람이니 참고가 될 것이다.

미술관 두 곳을 보는 것으로 하루가 지났다.

『반 고흐, 영혼의 편지』는 위즈덤하우스 출판사에서 1999년 6월에 출간되었다. 이 것은 태양, 해바라기의 화가 반 고흐의 편지들을 묶은 것이다. 동생 테오, 어머니, 동료인 고갱, 베르나르, 라파르 등에게 보낸 편지를 편집했다. 이 책은 반 고흐의 내면의 고백이며 그의 작품을 이해하는 열쇠의 구실을 한다고 생각된다. 그의 문학적인 역량도 짐작할 수 있다.

세계 위인의
생가를 찾아서

# 부 록
# 참고할 글과 전시품, 기념물

■ 셰익스피어의 유품

■ 콜로세움

■ 에리제의 경력과 열광하는 팬들

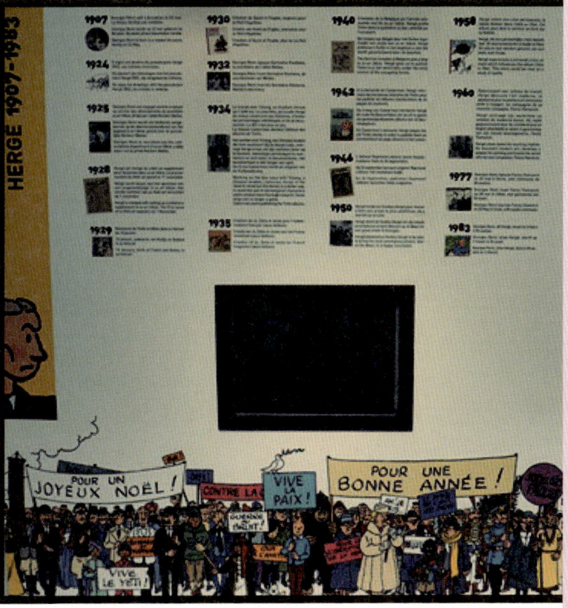


■ 에리제의 경력과 열광하는 팬들

# 셰익스피어에 대한 글

The Shakespeare's Birth Trust Collections

Beneath your feet is stored one of most significant Shakespeare collections in the world. Though this unique gathering of rare documents, books, photographs, artefacts and discover more about the Shakespeare's Birth Trust the man and writer, Our collection provides an insight into the world that the Shakespeare's Birth Trust and his family experienced. The Shakespeare's Birth Trust also houses an extensive local history archive relating to Stratford upon Avon and South Warwickshire, with records dating back to the twelfth century.

셰익스피어 생가 보관 수집품들

당신의 발밑 (셰익스피어 센타 지하)에 세계에서 가장 귀중한 셰익스피어 수집품들이 보관되어 있다. 비록 이 유일무이한 희귀 문서, 책, 사진, 문화유물을 모았지만, 그리고 셰익스피어 생가 보관소the Shakespeare's Birth Trust는 저명한 사람과 작가를 많이 찾아냈으며, 그 수집품들은 지식을 셰익스피어 생가 보관소와 그의 가족이 체험하고자 하는 현세에 제공해준다. 셰익스피어 생가 보관소는 역시 12세기의 날자가 기록된 스트렛퍼드-어폰-에이번과 남부 워릭셔와 관련된 폭넓은 지방 역사적인 문서를 보관하고 있다.

Shakespeare's play and poetry have global appeal and people from many different cultures can find something of themselves in his work. From the mid-1700s. Shakespeare's works began to be translated from English, his work is now available in many languages and new versions continue to be produced. The library here at the Shakespeare's Birth Trust holds

Shakespeare's works in more than 80 different languages.

1, Tales from Shakespeare

Charles and Mary Lamb(1900)

2,Tales from Shakespeare

Charles and Mary Lamb(1807)

3, Crystal portrait of Shakespeare

4, Shakespeare's plays in Gujarati

5, Children's edition of Shakespeare's stories

6, A Midsummer Night dream

7 Lamb's Tales from Shakespeare

셰익스피어의 희곡과 시는 세계적인 마력이며 수많은 다른 문화 사람들이 그의 작품에서 그들 자신들이 무언가를 찾아낼 수 있게 한다. 셰익스피어 작품은 영어 원문에서 번역되었다. 그의 작품은 현재 많은 언어로 번역되어 쓸모 있게 되었고 새로운 버전으로 계속 생산되고 있다. 셰익스피어 생가 보관소의 이곳 도서관은 80여개 이상의 언어로 번역된 셰익스피어 작품을 보관하고 있다.

1. 촬스 램과 매리 램의 셰익스피어 이야기들(1900)
2. 촬스 램과 매리 램의 셰익스피어 이야기들(1807)
3. 셰익스피어의 크리스탈 초상
4. 구자라티의 셰익스피어 희곡
5. 셰익스피어 이야기의 어린이를 위한 편집
6. 한 여름 밤의 꿈
7. 셰익스피어 작품의 램의 이야기

1 Bundle of deeds dated between 1575 and 1647. These four property deeds relate to the Shakespeare family's ownership of the Birthplace. From these documents it is possible to confirm the location of the Shakespeare family home.

When Shakespeare died he left the birthplace to his daughter Susanna, whose signature appears on one of the deeds.

증서 뭉치는 1575년과 1647년 사이의 날짜의 것이다. 이 네 개의 증서는 생가에 대한 셰익스피어 가족의 소유권과 관련이 있다. 이들 서류들은 셰익스피어 집의 위치를 확고히 하는 것을 가능케 한다. 셰익스피어가 죽었을 때 그의 딸 수사나에게 생가를 넘겨주었고 수사나의 서명이 증서의 하나에 나타나 있다.

2 Horn book about 1680: Horn books were used from as early as 1450 to teach  children the alphabet and for religious education. The name comes from the thin, transparent sheet of animal horn used to hold the paper in place on the wooden frame.  Shakespeare would have used a horn book like this one while learning to read at the local grammar school.

Wood, animal horn, parchment.

1680년의 글씨 판: 글씨 판은 알파벳을 가르치거나 종교교육을 위하여 1450년이래로 일찍 사용되었다. 얇고 투명한 동물의 뿔 종이에서 유래한 그 이름은 나무 재제가 대신할 때까지 사용되었다. 셰익스피어는 지방 문법학교에서 읽기를 배우는 동안 이와 같은 글자판을 사용했을 것이다. 나무, 동물 콘북, 양피지.

3 Book of common prayer 1594

First published in 1549 during the reign of king Edward Ⅵ, the Book of Common Prayer contains the words used in Anglican Church services. In its original binding and now very fragile this copy is thought to have belonged to Shakespeare.

1594년 일반 배우 책 에드워드 6세 통치 시대인 1549년에 최초로 발행된 그 책에  영국 국교의 예배에 사용된 낱말들이 포함되어 있다. 최초로 발간되거나 지금은 거의 사라졌지만 이 카피는 셰익스피어에 속한 것으로 사료된다.

- The Guild Chapel. Holy Communion Every Wednesday At 10 All Welcome
- Metropolitan Drinking Fountain & Cattle Trouch Association
- 중세 교회. 모두가 참배하는 수요일의 10시 예배
- 도시 음료수 통 또는 가축과 연관된

■ King Edward vi school Entrance to school in Chapel Lane

■ 에드워드 6세 시대 교회 길에 있는 학교 정문

■ 셰익스피어가 다닌 학교

# 피카소에 대한 참고 글

When Picasso died at age 91 in April 1973, he had become one of the most famous and successful artist throughout history. He is also undeniably the most prolific genius in the history of art. His career spanned over a 78 year period, in which he created: 13,500 paintings, 100,000 prints and engravings, and 34,000 illustrations. Picasso was, and still is, seen as a magician by writers and critics, a metaphor that captures both the sense of an artist who is able to transform everything around him at a touch and a man who can also transform himself, elude us, fascinate and mesmerise us.

1973년 4월 91세로 피카소가 죽었을 때 그는 역사상 가장 유명하고 성공한 예술가 중 한 사람이었다. 그는 미술사상 역시 가장 다작의 천재임을 부정하기 어렵다. 그의 경력은 78년이나 오랜 기간 지속됐다. 그 기간에 그는 13,500점의 그림, 10만 점의 판화와 조각, 34,000점의 삽화를 그렸다. 피카소는 작가들, 비평가들, 시인들에 의해서 마술사로 인식되었고 지금도 그렇게 여겨지고 있다. 그는 주위에 있는 모든 것을 촉감으로 바꿀 수 있는 예술가의 감각과 그 자신을 바꿀 수 있고, 우리를 벗어나고 우리를 뇌살시 키고 감화 시킬 수 있는 사람이었다.

Just like William Shakespeare on play, and Isaac Newton on physics, Picasso's impact on art is tremendous. No one has achieved the same degree of widespread fame or displayed such incredible versatility as Pablo Picasso has in the art history. Picasso's free spirit, his eccentric style, and his complete disregard for what others thought of his work and creative style, made him a catalyst for artists to follow. Now known as the father of modern art, Picasso's originality touched every major artist and art movement that followed in his wake. Even as of today, his life and works continue to invite countless scholarly interpretation and attract thousands of followers around the world.

희곡에 있어서의 셰익스피어, 물리학에 있어서의 뉴턴처럼 미술에 있어서 피카소의 충격은 무시무시했다. 어느 누구도 널리 퍼진 파블로 피카소의 유명세만큼 성취할 수는 없고 미술사에서 그가 획득한 엄청난 다재다능을 발휘할 수도 없다. 피카소의 자유정신, 그의 별스러운 스타일, 타인이 그의 작품을 생각하는 것에 대한 완전한 무시, 창조적인 스타일은 그를 미술가들이 추종하게 하는 기폭제가 되었다. 미술의 아버지로 피카소의 독창성은 모든 중요한 미술가에게 그의 전철을 밟는 미술운동을 밟게 했다. 오늘날까지도 그의 삶과 작품은 끝임 없이 수많은 학자들의 해설을 탐구하고 전 세계의 수많은 추종자들을 유인했다.

다음은 생가에 있는 글들이다. 그의 그림을 이해하는데 도움이 될지 모르겠다.

Picasso, as Goya, studies the work of the great masters who precede him in depth. Using graphic work to create narratives, inspired by Classical Antiquity, the Golden Age or the Parisian circus scenes from his youth, such as this one, in which the artist himself appears.

피카소는 농도에 있어서 앞서간 대가들의 작품을 연구했다. 스토리아트를 창조하기위해서 작품을 필사해 봄으로 젊은 시절부터 고대 유물, 황금기, 파리의 곡마단의 장면을 통해서 영감을 얻었다. 이러한 일을 체득함으로 스스로가 예술가로 출현된 것이다.

In Faun Uncovering a Woman he draws upon one of the themes that is most familiar to him; Mythology. In contrast to the previous artists. Picasso adds a new technique to the precise lines and varying tones that result from combining etching and aquatint: sugarlift aquatint technique. With this, he achieves soft tones that enclose the image in a dreamlike and unreal atmosphere.

그는 Faun(반인 반양의 임야와 목축의 신)에서 Uncovering a Woman(알몸의 여인)을 가장 친숙한 테마의 하나로 그렸다. 즉 신화. 이전의 미술가들과 반대로. 피카소는 정확한 선과 다양한 품격의 에칭과 판화: 판화 기법 상 아첨의 앙양sugarlift을 결부시켜서 창작하는 새로운 기법을 가미했다. 이로 인하여 그는 꿈같고 비현실의 분위기에 젖은 영상을 싸고 있는 부드러운 색조를 창조했다.

### PICASSO AND THE CROMMELYNCKS

In 1963, Piero and Aldo Crommelynck open their printing workshop in Mougins(France), Pablo Picasso's place of residence. The artist finds total availability and efficacy in the Crommelynck brothers, enabling him to make numerous proofs

### 피카소와 크롬랑크

1963년 피에로와 알도 크롬랑크는 파브로 피카소의 거주지역인 무쟝(프랑스)에 판화작업장을 열었다. 예술가는 크롬랑크 형제들에게서 그가 수많은 시험을 가능하게 함으로 전체적인 유용성과 효과를 찾아냈다.

From their professional relationship, a friendship develops that lasts until Picasso's death. Proof of this are the countless prints made of Piero as this one, where he appears accompanied by his wife Landa and their daughter.

그들의 직업적인 관계는 우정으로 발전했고 피카소가 죽을 때까지 지속되었다. 이 시험은 피에로가 만든 이와 같은 수많은 인화 이다. 그일에 그의 아내 린다Landa와 그들의 딸이 참가했다.

MASTER PRINTMAKERS

Two of the most influential artists of all times, Rembrandt and Goya, focused on graphic works. Becoming great printmaking masters and fostering its artistic potential. Just like Picasso, they both possessed insatiable curiosity and constantly experiment with the different intaglio techniques.

판화 제작자의 일인자

모든 시대에서 가장 영향력 있는 미술가들 둘인, 렘브란트와 고야는 인각작품에 초점을 맞추었다. 위대한 판화제작 일인자가 되면서 판화의 예술적인 가능성을 조장하였다. 피카소같이 그들 둘도 만족할 줄 모르는 호기심과 다른 음각 기법에 관한 끝없는 경험을 체득했다.

## 피카소 대표작의 해설

《아비뇽의 처녀들》Les Demoiselles d'Avignon은 피카소가 1907년에 제작한 그림이다. 뉴욕 근대 미술관에 소장되어있다. 1906년부터 1년간에 걸쳐 제작된 미완성의 대작인 이 작품은 작가 피카소의 화력畵歷에 중요한 전기를 보여주는 것일 뿐만 아니라 20세기 회화로서도 기념비적 가치의 전환을 의미하는 의미 깊은 작품이다. 아비뇽이란 바르셀로나의 서민가에 있는 마도로스 상대의 창녀가 출몰하는 뒷거리의 명칭이며 화면에 그린 것은 이 뒷거리에 있는 창부들이다. 미술사 최초의 입체주의 작품으로 평가받는다.

초기의 피카소가 즐겨 그린 인생적인 주제가 답습되어 있는 셈인데 이 작품에는 벌써 청색 시대의 정감적情感的인 침울함이 없고, 대상은 주제를 전혀 의식하지 못할 정도로 비정非情 형태의 구성으로 포착하였다. 이것은 피카소가 스스로 제작에 가한 제1의 파괴인 것이다. 이 파괴의 힌트는 피카소가 고대 이베리아 조각과 아프리카의 흑인 조각에서 얻었다. 이들 원시 미술이 가진 분방한 데포르메와 충실된 양감은 무엇보다도 형形을 만드는 것, 즉 조형의 문제로서 정감적인 피카소를 경탄하게 하였고 매혹시켰다. 또 하나의 힌트는 세잔에게서 받았다. 세잔도 역시 현상과는 별개의 실재實在를 화가가 주체적으로 선택한 색면色面으로써 견고하게 구축할 것을 염원하였던 조형가였다. 《아비뇽의 처녀들》은 최초에 이 세잔의 《수욕水浴》의 구도를 모방하여 나부裸婦의 군상을 그리려던 목적이라 말하지만, 세잔의 주체적인 색면 배합을 진일보하여 피카소는 형태의 분해와 화가의 내적인 질서에 따르는 그 재배분再配分을 노렸던 것이다.

이러한 피카소의 조형에 대한 사고는 그 그림을 그린 당시에 있어서 친한 친구에게조차 잘 이해되지 않았다. 피카소는 머리가 돌아서 그 그림 뒤에서 목을 매달 것이라고 말하는 자도 있었다. 다만 브라크만이 알지 못하면서도 그 그림을 이해하려고 하는 태도를 보였다고 한다. 당시 브라크도 역시 세잔의 본을 따라 풍경화 가운데에 있는 색면에 의한 양量의 파악과 대상의 재구성에 손을 뻗치고 있었다. 이윽고 피카소와 브라크의 공동연구에서 퀴비슴의 사조思潮가 탄생하게 되는데 그것은 자연의 모방을 근저로부터 뒤집어엎는 이지理知의 조형이며 20세기의 회화가 달성한 주목할 만한 혁신이다.

-인터넷에서

《게르니카》

흑색·백색·회색의 입체적 형상 속에 전쟁의 비참함이 잘 나타나 있다. 1937년 4월 26일, 스페인 바스크 지방의 소도시 게르니카를 독일 콘도르 비행단이 무차별 폭격, 1,540여 명의 사상자를 낸 사건에 대한 분노를 표현한 작품이다.

파시스트들에 의해 게르니카가 폭격 당하자, 공화파에서는 이 비극을 고발하는 그림을 파리 박람회의 스페인관에 전시하기 위해 피카소에게 의뢰했으며, 이 거대한 작품을 캔버스에 작업할 수 있도록 파리의 그랑 오귀스탱가에 화실을 마련해주었다. 마무리 작업은 도라마르가 도왔다.

죽은 아이를 안고 울부짖는 여인, 창에 찔린 말, 부러진 칼등을 통해 인간을 파괴하는 무모한 폭력을 비난하며, 보이지 않는 적敵인 파시즘 자체를 극복하고자 하는 바람을 표현했다. 최근까지 미국의 메트로폴리탄 미술관에 소장되어 있다가 스페인 마드리드의 프라도 미술관에 옮겨졌으며, 이 그림 하나만을 위한 커다란 방에 두꺼운 방탄벽으로 둘러싸여 전시되어 있다.

-인터넷에서

# 단테에 대한 보충 글

The Alighieri Family

The greatest of Italian poets was born in Florence to Alighiero di Bellincione and his first wife, Bella, who may have belonged to the Abati, between 21 May and 21 June of the year 1265, under the zodiacal sign of Gemini.

Dante's great-great-grabdfather, Cacciaguida, the son of a certain Adamo, at the end of the elventh century had been inside the "ancient circle of Florence's city walls(Par. ⅩⅤ,97), and his two brotkers Moronto and Eliseo also gave rise to Florentine familes. Cacciaguida married a woman from the Po Valley, perhaps a member of the Alighieri family of Ferrara, and had two sons, Pretenitto and Alighiero, who was still alive in 1201,. The family moved from the district of Porta Saqn Piero (near what is today Via degli Speziali), in the area of San Martino, and there Bellincione fathered six children, including Alighiero Ⅱ, Dante's father.

이탈리아의 가장 위대한 시인은 1265년 5월 25일과 6월 21사이, 황도대 중 쌍둥이 별자리로, 알리기에로 디 베를린치오네Alighiero di Bellincione와 그의 첫 번째 아내인 애바티Abati 가문의 벨라Bella 아들로 태어났다.

단테의 고조 할아버지 인 카챠기다Cacciaguida는 아다모Adamo의 아들이 확실한데 11세기 말, 플로렌스 옛 로마 시의회(Par. ⅩⅤ,97*)의 일원이었다. 그리고 그의 두 형제, 모론토Moronto와 엘세오Eliseo도 플로렌스 가문에서 양육되었다. 카차키다는 포발리Po Valley 가문의 규수와 결혼해서 1201년에 생존한 두 아들 프레테니토와 알리기에리Pretenitto and Alighiero를 두었다. 그 가족은 산마르타오San Martino 지역에 있는 포르타사퀸 피에로Porta Saqn Piero(자세히 오늘날 비아 데길 스페지올Via degli Speziali 지역) 지역에서 이사왔다. 그리고 베를린치오네는 알리기에리 Ⅱ세 인 단테의 아버지를 포함 6명의 아들을 두었다.

* 신곡의 천국편

Dante's family was of ancient noble lineage, which the poet liked to trace back to the Roman origins of Florence (Inf. XV, 73-78). This nobility is confirmed by their kinship ties with other noble families (Elisei, Ravegnani, Donati) and by the fact that Cacciaguida was knighted by Conrad Ⅱ and died in his army in the Holy Land in 1147 during the Second Crusade Dante's grandfather, Bellincione, lent money in Florence and Prato, and Alighiero Ⅱ continued his father's business until his own death in 1283. This money-lending activity could easily spill over into usury, which did not add luster to the familyname. This explains why the poet, throughout his works, mentioned his relatives only very rarely. The family did not play an important role in the politics of Guelph Florence. Although Bellincione participated in the Councils of the Commune, his lack of importance is revealed by the fact that he was not exiled after the Florentine defeat at Montaperti.

단테의 가족은 전통이 있는 귀족이었다. 그리고 시인은 플로렌스의 로마 기원(Inf. XV, 73-78*)에서 혈통을 추적하기를 좋아했다. 이 귀족은 다른 귀족 가문(엘세이 Elisei, 라베그나니Ravegnani, 도나티Donati)의 혈통과 연결되었습을 확인했다. 그리고 카챠기다는 콘래드 2세Conrad Ⅱ의 기사로 1147년 2차 십자군the Second Crusade 전쟁 중 명예롭게 전사했다. 단테의 조부인 베를린치오네는 플로렌스와 프라토에서 돈놀이를 하였다. 그리고 알리기에리 Ⅱ세는 1283년 그가 죽을 때까지 그의 아버지의 사업을 개속했다. 이 대금업의 호황은 쉽게 고리대금으로 빠져들었고 그것은 가문의 명에를 더하지는 못했다. 이것이 시인의 일가를 그의 작품을 통털어 매우 조금 밖에 진술하지 않은 이유이다. 단테가는 플로렌스 겔프레에서 중심 역할을 하지 못했다. 비록 베를린치오네는 지역 평의회에 회원이었지만 그다지 중요 인물이 아닌 점이, 몬타페르티 플로렌스의 패전 후 추방되지 않은 사실로 보여주었다.

*신곡의 지옥편

Even though a large number of Guelphs were sent into exile between 1260 and 1266. Dante's parents remained in Florence, and he was able to say "Where the lovely Arno flows. There I was born and raised, in the great city" (Inf.ⅩⅩⅢ. 94-95). His mother died when he was very young, and Dante spent his childhood in the company of an older sister (the "young and refined woman...with whom I was related by close blood ties" mentioned in La Vita Nuova, ⅩⅩⅢ) and a brother (Francesoo) and sister(Tana) born from AlighieroⅡ's second marriage to Lapa, the daughter of Chiarissimo Cialuffi. Dante's early schooling was entrusted to a "Romanus doctor puerorum" from the district of San Martino del Vescovo, who gave lessons in 1277 in the Alighiero houses. Very little information is known about Dante's childhood, but certainly two important moments marked his future: at the age of 9, he encountered for the first time Beatrice Poryinari, who years later would be his inspirational Muse, and in 1277(when he was only 12yeras old), a contract stipulated between the Alighieri and Donati families betrothed him to Germma Dona ti

비록 구엘프의 대부분이 1260-1266사이에 추방되었지만, 단테의 부모는 플로렌스에 남아있었다. 그리고 그는 사랑하는 아느로강이 어디로 흐르든, 나는 이 위대한 도시에서 태어나서 자랐다(Inf.ⅩⅩⅢ. 94-95*) 고 말했다. 그의 어머니는 그가 매우 어릴 때 죽었다. 그리고 단테는 그의 어린시절을 나이든 누님들 동아리(그가 신생in La Vita Nuova, ⅩⅩⅢ 에서 진술한 바, 그들과 가까운 친족인 젊고 귀품있는 여자들)에 보내졌다. 그리고 아버지 알리기에리 Ⅱ세는 두번 째 아내 라파Lapa와 사이에 남동생(프란세스코)과 여동생(타나)를 낳았다. 계모는 치아리시노 치알우피Chiarissimo Cialuffi의 딸이었다.

단테의 초기 교육은 산 마티노 델베스코브San Martino del Vescovo 지역의 고대로마 의사 푸에로룸Romanus doctor puerorum에 위탁해서 시행되었다. 알리기에리 가문에서 1277년에 교육과목을 제공했다. 단테의 어린시절에 관해서는 조금 밖에 알려지지않았어도 확실한 두가지 중요한 진술은 그의 장래를 예견했다. 후년 그의 문학에 영감을 준 베아트리체 포르티리아 Beatrice Poryinari를 아홉 살에 만난 것과 1277년 그가 겨우 12살이었을 때 알리기에리가와 도나티가 사이의 명기에 의한 계약으로 저먼 도나티Germma Dona ti와 약혼한 사실이다.

*신곡의 지옥편

※ 단테의 족보

단테의 고조- Cacciaguida

1099-1101

단테의 증조- Alighiero

단테의 조부- Bellincione 1269(?)

단테의 부 –Alighiero. Brunetto. Drudolo. Bello. Gherarrdo. Donato

단테의 형제-Dante Francesco Tana ?Sposa Leone

## The Donati Family

The Donati Family was of ancient noble lineage. The family head was Corso, a domineering and quarrelsome man, the brother of Forese, a poet and a friend of Dante, and Piccarda. Dante included Piccarda among the Blessed in Paradise (Par. Ⅲ, 46ff.); just as she was about to take the veil in the convent of Santa Chiara, she was kidnapped by Corso and forced to marry Rossellino della Tosa for political reasons. Podesta of Bologna and later of Pistoia, Corso Donati was instrumental in the victory in the battle of Campaldino, as commander of the contingent of horsemen from Lucca and Pistoia.

His ambition was to be lord of Florence, and he twice attempted a coup(in1304 and 1308) to obain dominion over the city, but was forced to flee and after falling off his horse near the abbey of San Salvi, was killed by his pursuers . Dante's wife, Gemma, was a menber of Donati family.

도나티 가문은 전통적인 귀족가문이었다. 가장은 코르소인데 시인이며 단테와 피카르다Piccarda의 친구인 포레스Forese의 형제인 권력자이며 투사였다. 단테는 천국편 (Par. Ⅲ, 46ff.)에서 축복받는 이로 피카르다를 포함시켰다. 그녀는 산타 취아라 수녀원에서 코르소에게 보쌈으로 납치되어 정략적으로 로새리오 대라 토사와 강제 결혼시켜 졌다. 볼로그나 가문의 포데스타와 피스토이아의 후예Podesta of Bologna and later of Pistoia, 코르소 도나티는 캄팔티노 전투중 루카와 피스토이아 가문의 기병대 단위의 지휘관으로 승리의 화신instrumental 과 같았다.

그의 야심은 플로렌스의 통치자가 되는 것이었다. 그리고 두 번 그 도시의 통치권을 얻기위해서 쿠데타를 시도했으나 실패하고 도망치다가 산 살비 San Salvi 수녀원 근처서 낙마하여 추적자들에게 살해되었다. 단테의 아내 젬마는 도나티 가문 사람이었다.

## Dante's House

After Dante's death, his brother Francesco sold part of the poet's home to the Mardolli family in 1332, while the rest of the house remained the property of Dante's children, who had left Florence some time earlier because of family problems. The various owners who followed them made renovations, improvements, and additions in order to increase the house's value, radically changing the aspect of the original residence. After the Alighieri houses were broken up for various uses(storerooms, shops, homes), they fell into a state of dispair. However, the memory of the poet's birthplace was safeguarded by the popular tradition, which continued to indicate this group of humble and "forgotten" abodes near the Torre della Castagna as "Dante's house". Leonardo Bruni in his Vita di Dante(1436) mentioned that the Alighieri descendants, who had settled in Verona some time earlier, preserved a vague memory of it : "Lionardo (Lionardo Alighieri, Dante's great-grandson, came to Florence with some other Veronese young men, well-dressed and honorably; and he came to see me, as a friend of the memory of his great-grandfather Dante: and I showed him the houses belonging to Dante and his ancestors, and I gave him news of many things of which he knew nothing, because he and his family had left their fatherland."

단테가 죽은 후 그의 형제 프란새스코는 1332년에 시인의 집 일부를 모들리가the Mardolli family에 팔았다. 한편 그 집의 나머지는 단테 아이들의 유산으로 남겨두었다. 단테의 아이들은 가족의 문제 때문에 조금 더 이른시기에 플로렌스를 떠났다. 단테 아이들에 이은 여러 소유주들은 그집의 가치를 높이기 위해서 수선하고 개량하고 첨가해서 집의 원형을 우수광스럽게 바꾸었다. 알리기에리 집이 여러 용도(저장실, 상점, 하숙집)로 개조된 후 그집은 기념관이 될수 없는 상태에 놓이게 되었다. 그러나 시인의 생가의 명성은 민간의 소문으로 보존되었다. 그리고 시인의 생가는 계속 변변찮은 단지로 지적되었고 '단테의 집'으로 토레 데일라 카스타그나the Torre della Castagna 지역 근처 주거로 '잊혀졌다.' 1436년 부루니는 단테의 전기Vita di Dante 에서 이른 시기에 베로나에 거주한 알리기에리 후손들이 그 사실에 대해서 명확하지는 않지만 기억하고 있다고 진술했다. 니오라르도(니오라르도 알리기에리 단테의 증손자)가 옷을 잘 차려입고 귀티가 나는 베로나의 젊은 몇 사람과 플로렌스에 왔다. 그는 그의 증조할아버지인 단테를 기억하는 자손으로 나를 만났다. 그래서 나는 그에게 단테와 그의 조상들이 소유했던 집을 보여주었다. 그리고 나는 그에게 그와 그의 가족이 고국을 떠나서 아무 것도 알지못하는 여러 가지 소식을 전했다.

In 1865 on the occasion of the sixth centenary of Dante's birth, the municipal administration of Florence nominated a commission made up of the historians Frullani and Gargani to locate the exact site of the Alighieri houses. After extensive research and on the basis of "irrefutable" archival documents, the Commission identified the Alighieri houses on precisely the spot indicated by tradition. Once the question of "where" the Alighieri houses stood was answered, the architect Falcinl was assigned the task of doing all the necessary investigation. to establish "how" the buildings must have looked in Dante's time. After doing numerous tests on the wall structures and meticulous analysis to define the continuity and original arrangement of the space. Falcinl wrote a detailed report and prepared drawings to illustrate the original ground plan and elevation of the various sations of the building complex.

1865년 단테 탄생 600년 해에 프로랜스 시당국이 역사학자들인 Frullani and Gargani가 만든 위원회에게 알리기에리 생가의 정확한 터를 알아내도록 건의했다. 광범위한 탐색과 반박할 수 없는 기록 문서를 기초로 위원회는 엄밀하게 알리기에리 생가의 전설에 의해 지정된 장소를 확정했다. 알리기에리 생가가 어디냐는 질문에 대한 답이었다. 건축가 Falcinl는 필요한 모든 조사를 수행하는 작업을 정했다. 어떻게 해서 그 건물이 단테시대에 맞게 보여지는가 하는 것을 인정하며 연속적이고 기초적인 배열을 규정짓기 위해서 벽의 구조에 대한 무수한 작업과 매우 신중한 분석을 한 후 Falcinl는 상세한 보고서를 썼다.

Considering that everything that concerns the Divine Poet must be sacred to ltaliane, "the City of Florence initiated negotiations to buy the houses. The plan was also to restore them to their original state as much as possible, but the economic conditions of reconstruction" on Dante's House, under the direction of the architect Castellucci. The corner houses were torn down to create a little square, demolishing all the architectural elements that Falcini had indicated as extraneous to the Alighieri houses. After the demolitions, it was necessary to carry out an "architectural recomposition" based on a numberof hypothetical reconstruction plans. While in some ways the project could be open to debate because of the numerous licenses taken and the grandeur befitting an "illustrious place."It undoubtedly has the virtue of being one of the best examples of the architectural style known as Revival.

시성과 관련된 모든 것들은 이탈리아인들에게는 신성시된다는 것을 생각하면서 플로랜스시가 그 생가를 구입하기위해서 협상을 시작했다. 그 계획은 역시 가능한 한 많이 생가를 원형 상태로 복원하는 것이었다. 건축가 카스텔루시Castellucci의 감독하에 단테 생가 개조를 시작했다. 문제는 경재적인 조건이었다. 한쪽 구석의 집은 조그마한 사각형을 만들기 위해서는 뜯어내야했다. 알리기에리 생가에 관계없는 것으로 패키니Falcini가 지시한 모든 건축적인 요소들을 파괴하면서. 뜯어낸 후 재건 계획의 하나로 건축적인 개조를 수행하기 위한 가설의 실행이 필요했다. 그 프로젝트는 몇가지 방법으로 토론이 열렸다. 수많은 허가가 취해지고 이름난 장소를 숭고하게 어울리도록 해야함으로. 의심없이 건축의 특수한 재생의 가장 좋은 예의 하나로 남게 될 미덕이다.

교회에 관한 글이다. 참고가 될 것이다.

The name refers both to the dedication to St Margaret of Antioch* and to the Cerchi family, who held the patronage of this little church from 1353, at first together with the Donati and the Adimari families, and then in the 17th century on their own. Recorded since 1032, the building was altered several times in later centuries. Inside, on the high alter there is an altarpiece with the "Madonna enthroned with St Lucy, St Margaret, St Agnes and St Catherine of Alexandria" by Neri di Bicci(15th century). Santa Margherita is also known as Dante's Church, because it may have been here that the poet married Gemma Donati and first clapped eyes on his beloved Beatrice Portinari, whose family had their tombs here.

그 이름은 안티오키아의 성 마가레트 교회St Margaret of Antioch*와 세르치 Cerchi 가에 헌정獻呈되었다. 그리고 1353년부터 이 작은 교회의 후원은 세르치아가이고 최초에 도나티와 애디마리Adimari가의 공동 후원이었다. 그 다음 17세기에 그들 소유가 되었다. 기록에 의하면 그 건물은 1032년 이래로 최근 세기까지 여러번 바뀌었다.

내부, 제단 뒤쪽 장식은 네리 디 비치(15세기)에 의해서 대폭 개조했다. -성 루시, 성 마가레트, 성 아그네스, 알렛산드리아의 성 캐새린과 함께 성모를 추대하는형식으로-산타 마그리타는 역시 단테교회로 알려졌다. 왜냐하면 그 교회는 시인이 젬미 도나티와 결혼했고 그의 연인 베아트리체 포르티나리를 우연히 처음 만난 곳일 거다. 그녀의 가족묘지가 그곳에 있음으로.

* 고딕 양식을 보여 주는 대표적 건축물인 성 마가레트 안티오키아 교회St Margaret of Antioch가 있다.

Tha battle of Campaldino, fought on 11 June 1289 on the Feast of Saint Barnabas, was one of the major battles of the age of the Communes and initated the economic and political hegemony of Florence over the rest of Tuscany.

To celebrate the date of their victory, the Florentines first built a shrine to Saint Barnabas in the square of the Mercato del Grano ; then, to honor the "protector of Campaldino"in a more worthy manner, they decided to build a church with an adjacent convent on what is now Via Guelfa. The first stone was laid in 1309, and work continued for a number of years. Popular devotion was so great that an attempt was made to obtain relics of Saint Barnabas from Rome. On 13 April 1311. "Relics of the blessed apostle Saint Barnabas came to Florence, sent from the papal court to the Commune of Florence by Cardinal Pelagru because he knew the Florentines held him in great devotion. And great reverence was paid to them in Florence, and solemnity, and they were placed in the altar of the Saint" (Giovanni Villani,Cronica, Book Ⅹ, 13).

캄펠디노 전투는 1289년 6월 11일 성 바나바 축제일에 일어났다. 캄펠디노 전쟁은 도시국가 시대의 중요한 전쟁 중 하나로 플로렌스는 토스카나 지방의 다른 도시국가들에 경제적이고 정치적인 주도권을 쟁취했다.

플로렌스 사람들은 승리일을 축하하기위해서 먼저 마르카토 델 그라노 광장에 그 당시 보다 가치있는 의도로 캄펠디노 전쟁의 수호자를 기리기 위해서, 성 바나바 영지를 지었다. 그들은 현재 비아 굴파Via Guelfa 인근에 수도원을 가춘 교회를 짓기로 결정했다. 첫 주춧돌은 1309년에 놓았고 일은 수년 동안 계속되었다. 서민들의 열망이 대단히 커서 로마로부터 성 바나바스의 시체를 가져오게 됐다. 1311년 4월 13일에 사도로 축복받은 성 바나바의 시체는, 카디널 펠라그루Cardinal Pelagru에 의해서 교황청 앞뜰에서 플로렌스 혁명정부Commune of Florence에 보내졌다. 플로렌스 시민들이 그에게 위대한 헌신을 했기 때문에. 그리고 시민들의 열렬한 숭배는 플로렌스에서 엄숙히 거행되었고. 성 바르나바 제단에 그를 봉헌했다.

In 1322, the building is recorded as being under the patronage of the Arte dei Medici e degli Speziali, to whom we are indebted for construction of the adjacent convent for Augustinians. In 1605, the church and convent were entrusted to the Carmelites of Mantua and later to Carmelite nuns, who remained there until 1808, when the convent and church were suppressed by Napole onic decres.

On the architrave of the fourteenth-century portal are carved the coats of arms of the Commune (the Lily), the "people of Florence" (the Cross) and the Guelph party (an eagle with a dragon in its claws), a clear sign of the city's pride at the victory at Campaldino.

1322년 그 건물은 아르테 데이 메디치 에 스페치알리the Arte dei Medici e degli Speziali의 후원에 있는 걸로 기록되었다. 성 아우구스티누스Augustinians를 위한 근처 수도원의 공사는 그에게 맡겨졌다. 1605년 교회와 수도원은 만투아의 카르멜 수도회Carmelites of Mantua에 위임되었다. 후에는 카르멜 수녀들에게 위임했다. 1808년까지 그 권한은 쭉 수녀원에 맡겨졌다. 그리고 그후 수도원과 교회는 나폴레옹 1세 법령Napole onic decres에 의거 억압되었다.

14세기에 정문의 틀에 캄윤 Commune* (백합당the Lily)군대 상의에 플로렌스의 국민(십자가)과 겔프당the Guelph party (발톱을 가진 용의 그림이 있는 독수리)을 새겨넣었다. 이것들은 캄펠디노 전쟁의 승리에 대한 시민 자존의 확실한 상징이다.

* Commune: (중세 유럽 여러 나라의)최소 행정구

The church of San Barnaba once held an altarpiece painted by Botticelli, showing The Virgin and Child with Saints and Angels (now in the Uffizi). The work, commissioned by the Consuls of the Arte dei Medici e Speziali (the guild to which Dante belonged) was finished around 1489, the bicentennial of the battle of Campaldino (in which Dante belonged)was finished around 1489, the bicentennial of the battle of Campaldino (in which Dante had taken part). Above and beyond the artistic value of the "Saint Barnabas altarpiece," one of the most successful sacred works of Botticelli's full maturity, the painting merits special mention because of an unusual reference to Dante's work. The painting presents on the step of the Virgin Mary's throne the first line of the prayer Dante has Saint Bernard say in the last canto of the Divine Comedy; Virgin Mother, daughter of your son" (Par. Ⅹ Ⅹ Ⅲ, 1)

바나바 교회The church of San Barnaba는 한 때 보티첼리가 그린 성인들과 천사들로 둘러 싸인 성모와 아기 예수의 그림(지금은 유피지미술관에 있는)을 제단 뒤쪽의 장식으로 두었다. 아르테 데이 메디치 에 델리 스페치 알리의 집정

관 the Consuls of the Arte dei Medici e Speziali(단테가 속한 협회)이 인정한 그 작품은 캄펠디노 전쟁(단테가 참가한) 200주년인 1489년 경에 완성되었다. 성 바나바 교회 제단뒤쪽 장식용 그림은 보티첼리의 예술적 가치를 초월해서, 가장 완성도 높은 성공적인 종교화이다. 단테의 작품에 대한 진귀한 그림이기에 보티첼리의 특별한 공덕이 있는 그림이다. 단테가 성 바나드를 취한 기도문의 첫 시구에서 제시한 성모 마리아의 옥좌, 그 그림은 신곡 마지막 칸토 당신의 아들을 낳은 여성에서 말했다.

## 참고-다음 영문은 캄펠디노 전쟁-인터넷에서

The Battle of Campaldino was a battle between the Guelphs and Ghibellines on 11 June 1289.[8] Mixed bands of pro-papal Guelf forces of Florence and allies, Pistoia, Lucca, Siena, and Prato, all loosely commanded by the paid condottiero Amerigo di Narbona with his own professional following, met a Ghibelline force from Arezzo including the perhaps reluctant bishop, Guglielmino degli Ubertini, in the plain of Campaldino, which leads from Pratovecchio to Poppi, part of the Tuscan countryside along the upper Arno called the Casentino. One of the combatants on the Guelph side was Dante Alighieri, twenty-four years old at the time.

Contents

Background to the battle

Later, in the mid-14th century, Giovanni Villani recorded the long-remembered details - as Florentines remembered them - in his chronicle, though the casus belli he offers are merely conventional "outrages" on the part of Arezzo; the elaborately staged raid and fight led by aristocrats on both sides sounds like stylized gang warfare, though carried out, according to Villani, under the battle standard of the absent Charles, the Angevine King of Naples. The immediate cause of the battle were reports that the Guelphs were ravaging the places of Conte Guido Novello, who was podestà of Arezzo, and, worse, threatening the fortified place called Bibbiena Civitella. This led to an Aretine force being quickly assembled and marching out to counter the threat. It was reported by Villani that a plot had been intercepted at Arezzo, by which the bishop agreed to give over to the Florentines Bibbiena Civitella, and all the villages of his see, in return for a life annuity of 5,000 golden florins a year, guaranteed by the bank of the Cerchi family. The plot was uncovered by his nephew Guglielmo de' Pazzi, and they hustled the bishop onto his horse and brought him to the battlefield, where they left him dead among the slain of the battle and its aftermath: Guglielmino de' Pazzi in Valdarno and Bonconte, the son of Guido I da Montefeltro.

Opposing forces

Guelph army

The Guelphs had the numerical advantage in the battle,[1] with about 12,000 combatants.[5] Most of these troops had been raised by Florence,[6] and were generally well-equipped due to their hometown's wealth. Florence was well known at the time as a producer of highly regarded weapons and armour, and its troops probably had better weaponry than the Ghibellines.[9] The Florentines were reinforced by other Tuscan Guelphs, including Bologna, Pistoia, Lucca, San Gimignano, San Miniato, Siena, Volterra, and other small towns.[2] Furthermore, small contingents of Guelphs from Romagna and Guelph exiles from Arezzo fought at Campaldino.[1] The Guelph cavalry lacked combat experience and suffered from indiscipline,[10] so that the about 10,000 infantrymen formed the actual core of the Guelph army. At least half of the infantry were better-trained specialists who operated as spearmen, pavisiers, crossbowmen, and archers, while the rest consisted of less effective, but still reliable militiamen.[6] In general, the Italian Guelph troops were less experienced than the Ghibellines.[11] In addition to these local forces, about 400 French knights of Amerigo di Narbona's retinue fought at Campaldino; they were experienced veterans who were highly regarded for their combat prowess.[12]

The Guelph army was officially led by Amerigo di Narbona, who served as Charles II of Naples's representative for Tuscany and had been appointed as a compromise, since the Italian Guelphs could not agree on one of their own to lead them. Though he probably possessed some combat experience and proved to be a competent commander, Amerigo's relative lack of military skill, youth, and the fact that he did not speak Tuscan Italian meant that his command of the army was mostly nominal.[13] As a result, the de facto leader of the army was a Carcassonne knight in Amerigo's retinue, Guillaume da Durfort, a highly experienced veteran of several wars.[14] Under these two, several Italian Guelphs served as sub-commanders, with the most notable being Corso Donati, Vieri de' Cerchi,[15] and the Barone de Mangiadori.[16]

Ghibelline army

The Ghibelline army was of similar size, but differed drastically in its composition from the Guelph force.[5] Unlike their opponents, the Ghibellines relied less on ad hoc city militias and were instead mostly composed of feudal lords and their retinues, who were generally much better trained and more experienced than their opponents. The Ghibelline cavalry and infantry were thus of higher quality than their opponents, with Villani describing them as "the flower of the Ghibellines of Tuscany, of the March, and of the Duchy, and of Romagna" who were "practised in weapons and in war".[17] The Ghibelline infantry consisted of fewer spearmen, pavisiers, and crossbowmen than its Guelph counterparts; instead, it relied on offensive close-quarters combat with swords and bucklers.[18] Despite this, many Ghibelline fiefs were rather poor, and both their cavalry and infantry were probably less well equipped than the Guelphs.[19]

The Ghibelline army had three main commanders: First, Guglielmo Ubertini who had served for forty years as the bishop of Arezzo by the time of the battle. "A man of the sword as much as of the pen", Ubertini had proven to be a capable, ruthless, and brave military commander during several conflicts before 1289, though his strategic acumen was impeded by his interest in defending the possessions of his family at any cost. This greatly influenced his decision to seek battle at Campaldino, despite having been advised against it.[20] The second most important Ghibelline commander was Guido Novello Guidi, the Count of Poppi, a veteran of several campaigns, and long-time leader of the Ghibelline cause in Tuscany. A shrewd and opportunistic politician and military leader, he was one of the few Ghibelline commanders to survive the Battle of Campaldino.

Finally, there was Bonconte I da Montefeltro, an accomplished strategist and tactician who had led the Ghibellines to a "brilliant" victory at Pieve al Toppo in 1288. Montefeltro was one of those who argued against seeking battle at Campaldino, but nevertheless drew up a good battle-plan when forced to do so.[4]

The battle

Deployment

The Florentines deployed an advance guard of cavalry, behind which, in the centre of their line stood the bulk of their cavalry. On each wing they placed their infantry, slightly forward so the line was crescent shaped. Behind this force, they drew up their baggage and, behind that, a reserve of infantry and cavalry. The Aretines drew up in four lines; the first, second, and fourth of cavalry, the third of infantry.[21]

The course of the battle

The Aretines attacked with their first three lines, scattering the Florentine advanced guard and pushing back the main body towards the wagons. However, they now came under crossfire from the flanking infantry. The Florentine reserve now made a flanking attack, trapping the Aretines.[22] According to Villani, Corso Donati, podestà of Pistoia, though under orders to stand ready in reserve, shouted "If we lose, I will die in the battle with my fellow citizens; and if we conquer, let him that will, come to us at Pistoia to exact the penalty!" and charged the Aretine flank, helping break up the lines and win the day for the Guelphs. Instead of coming to the rescue, the Aretine reserve fled. Aretine casualties were high. Ploughing the Campaldino plain used to turn up human remains and bones as recently as eighty years ago.[23]

Result of the battle

The Battle of Campaldino secured Guelph dominance in Florence, though internecine fighting among the Whites and Blacks among the Florentine Guelphs resulted in civic disturbances and the exile of many, including notable medieval Italian poet Dante Alighieri (a member of the Whites, the faction more opposed to papal power).

# 구겐하임 미술관 관련 글

바젤의 유라드리퍼스-베스트와 그의 남편 리차드의 미술품 수집에 관한 글

The exhibition presents to the general public for the first time the collection of Richard and Ulla Dryfus-Best, of Basel, Switzerland. For more than thirty years this couple, united by art and for art, brought together a collection as singular as it is unique. Reaching to the present day, contemporary art encounters the Middle Ages and paintings and drawings of the 16th or the 19th centuries the a lively dialogue of comparrison and contrast.

스위스 바젤의 유라 드리퍼스-베스트와 그의 남편 리차드가 수집한 미술품을 처음 대중에게 전시를 했다. 그들 부부는 30년 이상 미술에 의한, 미술을 위한 부부였고 유일한 진품만을 수집했다. 현재, 동시대 미술, 중세 미술, 16세기 그림과 드로잉, 변화와 대조가 소용도리치는 19세기 그림까지.

The first room provides a sample, however cryptically, of the breadth and the transgressive nature of collection. In the next rooms, works have been grouped both chronologically and thematically, offering linear readings leading down different paths, in order to harness the rare power of interaction between the objects in the collection while preserving the encompassing vision they share.

처음 전시실에는 수집의 폭과 평범한 수집품들의 표본이 은밀하게 전시되었다. 다음 전시실의 작품들은 다른 방침을 읽을 수 있게 연대순이고 주제별로 전시했다. 수집의 대상 사이의 상호작용의 유례없는 조건을 이용하기위하여 그들이 소유한 조건인 비젼을 유지했다.

The works that Richard and Ulla Dryfus-Best collected are characterized by 'artifice'. They set out to astonish, to startle. They invite us to speculate about their function and meaning, and induce aesthetic pleasure.

리차드와 유라 드리퍼스-베스트가 수집한 작품들은 책략적이라 판단할 수 있다. 그들은 놀라울 정도로 정말 놀랍게 진열해 놓았다. 그들은 우리를 그들의 역할과 의미를 생각하게 했고 미학적인 즐거움을 느끼게 했다.

A certain 'mannerism' unites the collection-less a reference to an epoch in the history of art than to an 'habitus', a mindset of art-making, which is self-referential and critiques itself while exploring its own potential and limitations. These are works that please only themselves, and this is what makes them so pleasurable and challenging.

어떤 마네리즘은 수집을 결속하게 했다. 미술 그리기의 심적 경향의 버릇보다는 미술사의 신기원은 덜 참조했다. 그리고 미술 창작은 참조이고 비평 그자체다. 그것 자체의 잠재력과 한계를 탐구하면서. 이들 작품들은 오로지 그들자신들만 기쁘게 하는 작품들인 반면에 이것은 그들을 대단히 기쁘게 하고 도전적으로 하게 하는 것이다.

The Surrealist painting are especially compatible with the underlying themes of the Dryfus-Best collection, and are ideally placed in conversation with Peggy Guggenheim's own paintings-notably those of Salvador Dali, MaxErnst, Rene Magritte and Yves Tanguy. Here the spirit and guiding principles of the Dreyfus-Best Collection engage powerfully with the motivation behind  Peggy Guggenheim's collection. Their predilection for the extravagant, for an art and breaks boundaries, for play, caprice and originality, is like an imaginary 'rendez-vous' between two kindred spirits.

초현실주의 그림은 드리퍼스-베스트 수집의 근본적인 주제와 특별히 양립할 수 있다. 그리고 관염적으로 페기 구겐하임 소유의 그림과 상통한다. 즉 살바도르 달리, 막스 에른스트, 르네 마그리트, 이브 탕기의 그림과 관념적으로 같다. 드리퍼스-베스트 수집의 제 일의 정신과 지침은 페기 구겐하임 박물관의 수집 뒤에서 유도하는 힘있는 속박이다. 엉뚱한 것에 대한 그들의 선입견은 미술을 위한 것이며 경계를 허무는 것은 마치 연극에 있어서 변덕과 독창은 두 개의 유사한 정신 사이의 가상의 랑데부와 같다.

Collector's Eye: Ulla Dreyfus-Best

The Basel-based collector Ulla Dreyfus-Best on her "Wunderkammer", which mixes 11th-century Italian bronzes with pieces by Jeff Koons

Ulla Dreyfus-Best Fritz von der Schulenburg

The Basel-based collector Ulla Dreyfus-Best started buying art in the 1970s with her late husband, the Swiss banker Richard G. Dreyfus. Together they built what she describes as "a real Wunderkammer, spanning over 850 years". The eclectic mix stretches from an 11th-century Italian bronze to Renaissance, Baroque and Mannerist pictures, from Symbolist and Surrealist works (René Magritte is a particular favourite) to contemporary pieces by artists such as Jeff Koons. In 2014, the Peggy Guggenheim Collection in Venice staged an exhibition of the collection, a testament to the couple's catholic tastes. Dreyfus-Best and her husband also inherited pieces from her father-in-law Baron Robert von Hirsch, including part of his vast collection of Old Masters - that is, those items not sold off during the record-breaking seven-day auction of his collection at Sotheby's, London, in 1978. Dreyfus-Best now sits on Sotheby's advisory board and has attended every Art Basel since it started in 1970.

바젤에 근거를 둔 드리퍼스-베스트 수집은 1970년대에 그녀의 최근 남편인 스위스의 은행가인 리차드 드리퍼스와 같이 미술품을 구매하기 시작했다. 취사선택한 성분비는 11세기 이태리의 청동제품에서 류네상스, 바로크, 메너리즘 작가의 그림, 상징주의 와 초현실주의 작품(르네 마그리트는 특별히 좋아한)부터 제프 쿤스와 같은 미술가가 그린 동시대 그림까지 뻐쳐있다. 2014년에 베네치아의 페기 구겐하임은 이들부부의 캐톨릭 기호에 따른 유언에 의해 수집품의 전시가 열렸다. 드리퍼스-베스트와 그녀의 남편은 그녀의 시아버지 Baron Robert von Hirsch로부터 옛 거장들의 방대한 수집 일부를 포함해서-즉 이들 아이템들은 1978 런던 소더비 경매장에서 그의 수집품에 대한 기록을 깬 7일간의 경매 동안 싸게 팔아치우지 않은 아이템들이다. 드리퍼스-베스트는 이제 소더비의 자문위원단의 일원이 됐고 1970년 출발한 이래로 모든 바젤 미술을 내놓았다.

# 로미오와 쥬리엩 5막 3장

로오미오와 쥬리엩은 초기 비극으로 운명적인 요소와 성격적인 비극이 혼재되어 있다. 이 비극의 클라이맥스 인 5막 3장을 감상해보자. 셰익스피어의 극을 조금은 이해할 수 있을 것이다.

**ACT 5, SCENE 3. A churchyard; in it a tomb belonging to the Capulets.**
**제 3장 베로오나, 카푸렡집의 무덤이 있는 묘지**

(세계문학전집 3 정음사 번역: 김재남)

Enter PARIS, and his Page bearing flowers and a torch
횃불과 꽃다발을 든 사동과 파리스 등장

**PARIS**

Give me thy torch, boy: hence, and stand aloof:
Yet put it out, for I would not be seen.
Under yond yew-trees lay thee all along,
Holding thine ear close to the hollow ground;
So shall no foot upon the churchyard tread,
Being loose, unfirm, with digging up of graves,
But thou shalt hear it: whistle then to me,
As signal that thou hear'st something approach.
Give me those flowers. Do as I bid thee, go.

**파리스**

이애, 횃불은 날 주고, 너는 저만치 가 있거라.
아니 횃불은 꺼버리자. 남눈에 띄어도 귀찮다.
저기서 소방목 밑에 엎드려 누워서 귀를 우묵한 땅바닥에 바싹 대고 있어.
무덤을 판 뒤라, 땅은 늘어져 말랑말랑하니까,

묘지를 걷는 발자국 소리는 네 귀에 들릴 거다.

들리면, 누가 오는 신호로 휘파람을 불어.

그 꽃다발은 날 주고, 시킨대로 해. 자 가봐

**PAGE**

[*Aside*] I am almost afraid to stand alone

Here in the churchyard; yet I will adventure.

*Retires*

**사동**

(*방백*) 이이구, 무서워서 이런 묘지에 혼자 가 있을 것 같지 않으나, 그래도 가봐야지

*퇴장*

**PARIS**

Sweet flower, with flowers thy bridal bed I strew,–

O woe! thy canopy is dust and stones;–

Which with sweet water nightly I will dew,

Or, wanting that, with tears distill'd by moans:

The obsequies that I for thee will keep

Nightly shall be to strew thy grave and weep.

(*The Page whistles*)

The boy gives warning something doth approach.

What cursed foot wanders this way to-night,

To cross my obsequies and true love's rite?

What with a torch! muffle me, night, awhile.

*Retires*

**파리스**

꽃 같은 아가씨여, 당신 신방에 이렇게 꽃을 뿌려드리지요.

-아이구, 무덤 뚜껑은 흙과 돌이 아닌가!-밤이면 또 향수를 껴얹고,

그도 없으면 슬픔으로 짜낸 눈물이라도 껴얹어 드리리다.
당신께 대한 나의 장례로 밤마다 이렇게 꽃을 뿌리고 눈물을 쏟겠오.
(*사동이 휘파람을 분다*) 휘파람 부는 것을 보니, 누가 오는가 보다.
아니, 밤중에 여길 헤매어 와서, 이 정성어린 장례를 방해하려들다니,
웬 놈의 발목이람? 아니 횃불까지 들고? 잠간 어둠 속에 숨어있자.(*물러선다*)

Enter ROMEO and BALTHASAR, with a torch, mattock, & c
로미오와 발사살이 횃불, 곡괭이, 쇠지레 등을 들고 등장

**ROMEO**

Give me that mattock and the wrenching iron.
Hold, take this letter; early in the morning
See thou deliver it to my lord and father.
Give me the light: upon thy life, I charge thee,
Whate'er thou hear'st or seest, stand all aloof,
And do not interrupt me in my course.
Why I descend into this bed of death,
Is partly to behold my lady's face;
But chiefly to take thence from her dead finger
A precious ring, a ring that I must use
In dear employment: therefore hence, be gone:
But if thou, jealous, dost return to pry
In what I further shall intend to do,
By heaven, I will tear thee joint by joint
And strew this hungry churchyard with thy limbs:
The time and my intents are savage-wild,
More fierce and more inexorable far
Than empty tigers or the roaring sea.

**로미오**

그 곡괭이와 쇠지레는 날 주고, 자 이 편지를 들고 가서,

내일 아침 일찍 아버님께 꼭 전하도록해라.

횃불도 이리다우. 내 엄명이지만, 네가 무엇을 듣고 보든,

나 하는 일을 방해 말고, 멀리 떨어져있어.

내가 이 죽음의 장소로 들어가는 이유는 아가씨 얼굴을 보자는 것도 있지만,

실은 시체 손가락에서 보석반지를 훔쳐다가 어떤 중대한 일에 쓰자는 것이다.

그러니 너는 물러 가거라.

내가 하는 일을 만약에 수상히 여겨 수상히 여겨 돌아와서 엿보는 날이면,

맹세한다만, 네놈을 갈갈이 찢어서 이 굶주린 묘지일대에 사지를 흩어놓겠다.

때마침 밤중이고, 내 맘도 잔인하기가 굶주린 호랑이나,

뒤끓는 바다보다 한층 더 포악 냉혹하단 말이다.

**BALTHASAR**

I will be gone, sir, and not trouble you.

**발사살**

예, 저는 물러가구, 방해는 않을랍니다.

**ROMEO**

So shalt thou show me friendship. *Take thou that:*

Live, and be prosperous: and farewell, good fellow.

**로미오**

그래야 떳떳하지. 자 이걸 받아라.(*돈지갑을 내준다.*) 가서 잘 살아라.

그럼, 자, 잘 가자.

**BALTHASAR**

[*Aside*] For all this same, I'll hide me hereabout:

His looks I fear, and his intents I doubt.

(*Retires*)

**발사살**

(*방백*) 저렇게 말씀은 하시지만, 난 이 근처에 숨어있어야겠어. 안색도 걱정되구, 어쩐지 수상하거든.

(*물러간다*)

**ROMEO**

Thou detestable maw, thou womb of death,

Gorged with the dearest morsel of the earth,

Thus I enforce thy rotten jaws to open,

And, in despite, I'll cram thee with more food!

(*Opens the tomb*)

**로오미오**

너 이 보기 싫은 아가리, 죽음의 배때기란 놈, 이 세상에 제일가는 진미를 삼키다니.

자, 네놈의 썩어빠진 아가리를 이렇게 벌리고, (*무덤 투껑을 열기 시작한다*) 원한으로 음식을 더 쳐 넣어주마.

**PARIS**

This is that banish'd haughty Montague,

That murder'd my love's cousin, with which grief,

It is supposed, the fair creature died;

And here is come to do some villanous shame

To the dead bodies: I will apprehend him.

*Comes forward*

Stop thy unhallow'd toil, vile Montague!

Can vengeance be pursued further than death?

Condemned villain, I do apprehend thee:

Obey, and go with me; for thou must die.

**파리스**

아니, 저 추방당한 몬테규 녀석,

저 자가 내 애인의 사촌을 죽인 때문에

그 슬픔으로 아름다운 쥬리엣양도 죽었다는데,

이 교만한 여석이 시체에까지 폭행을 하려고 여기까지 왔나.

체포해야지. (앞으로 나선다) 너 이 몬테규 녀석아.

그 고약한 짓을 말아! 시체에까지 복수를 할 수 있다더냐?

이 망할 녀석아! 널 체포하겠다. 잠자코 따라와, 이 죽일 놈 같으니.

**ROMEO**

I must indeed; and therefore came I hither.

Good gentle youth, tempt not a desperate man;

Fly hence, and leave me: think upon these gone;

Let them affright thee. I beseech thee, youth,

Put not another sin upon my head,

By urging me to fury: O, be gone!

By heaven, I love thee better than myself;

For I come hither arm'd against myself:

Stay not, be gone; live, and hereafter say,

A madman's mercy bade thee run away.

**로미오**

사실 죽어야 할 나이길래 여기 온 것이오.

여보, 젊은 분, 당신도 신사니까, 절망한 인간을 건드리지 말고,

나를 피해 달아나오. 여기 송장 신세를 면하려거든 무서운 줄도 좀 아오.

여보, 부탁이니, 제발 날 성나게 하여내 머리위에 죄악을 덧싣지 말아주오.

자, 어서, 정말 난 당신을 내 몸보다 더 아끼오.

내 몸을 죽이려고 온 나요.

망설이지 말고 어서 가서 살아남은 뒤에 미치광이 덕택으로 피신했다고 말해 주오.

**PARIS**

I do defy thy conjurations,

And apprehend thee for a felon here.

**파리스**

그따위 청을 누가 들어줄 줄 아느냐.

임마, 널 중죄인으로 당장 체포하겠다.

**ROMEO**

Wilt thou provoke me? then have at thee, boy!

*They fight*

**로미오**

아니, 내 부아를 터뜨리기냐? 그럼, 에이 받아라.(*둘이 싸운다*)

**PAGE**

O Lord, they fight! I will go call the watch.

*Exit*

**사동**

아이구 쌈이 벌어졌네! 야경을 불러와야겠다. (*달음박질 쳐 나간다*)

**PARIS**

O, I am slain!

(*Falls*)

If thou be merciful,

Open the tomb, lay me with Juliet.

*Dies*

**파리스**

아이구 다쳤네. (*쓰러진다*) 여보,

인정이 있거든, 무덤 뚜껑을 열고 날 쥬리엘 곁에 묻어주오. (*죽는다*)

**ROMEO**

In faith, I will. Let me peruse this face.
Mercutio's kinsman, noble County Paris!
What said my man, when my betossed soul
Did not attend him as we rode? I think
He told me Paris should have married Juliet:
Said he not so? or did I dream it so?
Or am I mad, hearing him talk of Juliet,
To think it was so? O, give me thy hand,
One writ with me in sour misfortune's book!
I'll bury thee in a triumphant grave;
A grave? O no! a lantern, slaughter'd youth,
For here lies Juliet, and her beauty makes
This vault a feasting presence full of light.
Death, lie thou there, by a dead man interr'd.

*Laying PARIS in the tomb*

How oft when men are at the point of death
Have they been merry! which their keepers call
A lightning before death: O, how may I
Call this a lightning? O my love! my wife!
Death, that hath suck'd the honey of thy breath,
Hath had no power yet upon thy beauty:
Thou art not conquer'd; beauty's ensign yet
Is crimson in thy lips and in thy cheeks,
And death's pale flag is not advanced there.
Tybalt, liest thou there in thy bloody sheet?
O, what more favour can I do to thee,
Than with that hand that cut thy youth in twain
To sunder his that was thine enemy?

Forgive me, cousin! Ah, dear Juliet,
Why art thou yet so fair? shall I believe
That unsubstantial death is amorous,
And that the lean abhorred monster keeps
Thee here in dark to be his paramour?
For fear of that, I still will stay with thee;
And never from this palace of dim night
Depart again: here, here will I remain
With worms that are thy chamber-maids; O, here
Will I set up my everlasting rest,
And shake the yoke of inauspicious stars
From this world-wearied flesh. Eyes, look your last!
Arms, take your last embrace! and, lips, O you
The doors of breath, seal with a righteous kiss
A dateless bargain to engrossing death!
Come, bitter conduct, come, unsavoury guide!
Thou desperate pilot, now at once run on
The dashing rocks thy sea-sick weary bark!
Here's to my love!

*Drinks*

O true apothecary!
Thy drugs are quick. Thus with a kiss I die.

*Dies*

**로미오**

그러마. 근데 어디 낯짝을 보자. 아니 머큐소의 친척, 파리스백작 아닌가.
말을 타고 오는 도중 맘이 산란해서 잘 듣진 않았지만,
하인놈이 뭐라 곤가 말을 했지?
파리스와 쥬리엘이 결혼한다는 말을 들은 것 같은데.
그렇게 말했지, 아마? 아니, 내가 그런 꿈을 꾸었었나?

혹은 내가 미쳐서, 쥬리엘 얘기가 나오자, 그런 생각을 했던가?
여보, 악수합시다. 당신도 나와 같이 불행한 운명의 명부에 오른 사람이구려.
영광의 무덤 속에 묻어드리죠. 무덤? 아니지!-여보, 쓰러진 젊은 분,
무덤이 아니라 광명의 탑이요.
이곳엔 쥬리엘이 누워 있고,
그의 아름다움은 이 무덤 속을 광명도 찬란한 향연의 대궐로 하고 있잖소.
고인이여, 죽기로 된 자의 손으로 매장되어 여기 고요히 잠드시오.
(*파리스의 시체를 무덤 속에 눕힌다*) 사람이 죽기 직전에는 흔히들 명랑해진다는데,
임종을 하는 사람들은 그것을 임종 시에 섬광이라고 하더라!
하지만 아, 이것을 어떻게 섬광이라 할 수 있겠는가!
오, 내 애인, 내 아내여! 당신의 꿈같은 호흡을 다 빨아 마신
죽음의 신도 당신의 미에는 아직 힘을 못 미치고 있구려.
당신은 아직도 정복당하질 않고, 두 입술과 볼에는 미의 깃발이 아직도
벌겋게 나부끼고 있고, 죽음의 파리한 기도 거기엔 안 올라 있구려.
티볼트여, 자네도 피옷에 감겨 거기 누워있나? 아, 자네의 청춘을 두 동강이 낸 바로 이 손목으로, 자네의 원수인 이 몸도 찢어 죽이겠네.
내가 자네게 이 보다도 더한 호의는 베풀 수 없잖겠는가?
용서하게, 티볼트! 오, 사랑하는 쥬리엘! 당신은 왜 아직도 이렇게 예쁘오?
혹시나 저 망령 같은 죽음의 귀신까지 당신한테 반하여
그 말라깽이 괴물이 당신을 이곳 암흑 속에 가두어 두고 정부로 삼자는 것이 안이오?
그럴까봐 나는 언제까지나 당신하고 같이 있고,
이곳 껌껌한 밤의 대궐을 다시 떠나지 않겠소.
난 당신의 시종이랄 구데기들과 이곳에 있을 테요.
난 이곳을 영원의 안식처로 자리 잡고,
세상에 지친 이 몸에서 박명한 별들의 멍에를 떨어버리겠오.
눈아, 마지막 봐라! 팔아, 마지막 포옹이다.
오 그리고 생명의 문인 입술아, 정당한 키스로 도장을 쳐서,

만물을 독점하는 죽음과 영구한 계약을 맺어라! 자 씁쓸한 지도자,
냄새 흉한 안내자, 지각없는 뱃사공아.
바다에 지친 너의 배를 당장 암석에 부딪쳐 다구.
자아 애인께 건배다! (독약을 마신다) 아이구, 정직한 약방 영감,
약효도 빠르구먼. 이렇게 키스하고 나는 죽어. (죽는다)

Enter, at the other end of the churchyard, FRIAR LAURENCE, with a lantern, crow, and spade
로오랜스 신부가 등불, 괭이, 삽을 들고 등장

**FRIAR LAURENCE**

Saint Francis be my speed! how oft to-night
Have my old feet stumbled at graves! Who's there?

**신부**

프랑시스 성자님, 두둔해 주십소사!
오늘 밤은 왜 이렇게 자꾸 이 늙은이 발목이 무덤에 걸리는고!

**BALTHASAR**

Here's one, a friend, and one that knows you well.

**발사살**

신부님을 잘 알고 있는 사람입니다.

**FRIAR LAURENCE**

Bliss be upon you! Tell me, good my friend,
What torch is yond, that vainly lends his light
To grubs and eyeless skulls? as I discern,
It burneth in the Capel's monument.

**신부**

너냐! 근데 구더기니, 눈알 없는 해골들을 쓸데없이 비치고 있는 저기 저 등불은?
카푸렛집 묘지에서 타고 있는가본데.

**BALTHASAR**

It doth so, holy sir; and there's my master,

One that you love.

**발사살**

그렇습니다. 신부님께서도 사랑하시는 우리 도령님이 저곳에 계십니다.

**FRIAR LAURENCE**

Who is it?

**신부**

누구말이지?

**BALTHASAR**

Romeo.

**발사살**

로미오님 말입니다.

**FRIAR LAURENCE**

How long hath he been there?

**신부**

저기 가 있는지 얼마나 되었냐?

**BALTHASAR**

Full half an hour.

**발사살**

톡톡히 반시간은 됐습니다.

**FRIAR LAURENCE**

Go with me to the vault.

**신부**

자, 나와 함께 저 무덤으로 가 보자.

**BALTHASAR**

I dare not, sir

My master knows not but I am gone hence;

And fearfully did menace me with death,

If I did stay to look on his intents.

**발사살**

어럽쇼. 우리 도련님은 제가 가버린 줄로 아시는데,

만약 망설이고 서서 거동을 엿보기만 하면 절 죽인다구 위협하셨는뎁쇼.

**FRIAR LAURENCE**

Stay, then; I'll go alone. Fear comes upon me:

O, much I fear some ill unlucky thing.

**신부**

그럼, 여기 있거라. 혼자 가보겠다. 근데, 왜 이렇게 불안할까.

무슨 흉한 불상사라도 일어날 것만 같은 걸.

**BALTHASAR**

As I did sleep under this yew-tree here,

I dreamt my master and another fought,

And that my master slew him.

**발사살**

제가 이 소방목 밑에서 졸고 있을 때, 꿈결이지만,

누가 우리 도령님하구 싸우더니 도령님이 그분을 죽이는 것 같던뎁쇼.

**FRIAR LAURENCE**

Romeo!

*Advances*

Alack, alack, what blood is this, which stains

The stony entrance of this sepulchre?

What mean these masterless and gory swords

To lie discolour'd by this place of peace?

Enters the tomb

Romeo! O, pale! Who else? what, Paris too?

And steep'd in blood? Ah, what an unkind hour

Is guilty of this lamentable chance!

The lady stirs.

*JULIET wakes*

**신부**

로미오! (*앞으로 나선다*) 아이구, 이게 웬 피냐.

이 무덤의 돌 입구에 이렇게 물들어 있는 피가?

이건 또 웬 일이냐. 주인 없는 피어린 이 칼들이

이 안식처에 피 묻은 채 굴러있으니?

로미오! 오 창백하구나! 저건 또 누군가! 아니 파리스도?

아, 피투성이 아닌가? 아이구 이 무참한 시간 좀 보겠나.

이렇게도 비통한 짓을 저질러 놓다니!

쥬리엘이 깨어나는구나. (*쥬리엘이 눈을 뜬다*)

**JULIET**

O comfortable friar! where is my lord?

I do remember well where I should be,

And there I am. Where is my Romeo?

*Noise within*

**쥬리엣**

아, 고마우신 신부님. 우리 님은? 제가 지금 어디 있는진 잘 알고 있어요.

여기가 그곳이죠. 저 우리 로미오님은?(*무대 안에서 사람소리가 들린다*)

**FRIAR LAURENCE**

I hear some noise. Lady, come from that nest

Of death, contagion, and unnatural sleep:

A greater power than we can contradict

Hath thwarted our intents. Come, come away.

Thy husband in thy bosom there lies dead;

And Paris too. Come, I'll dispose of thee

Among a sisterhood of holy nuns:

Stay not to question, for the watch is coming;

ome, go, good Juliet,

Noise again

I dare no longer stay.

**신부**

이봐, 사람소리가 들린다. 자, 죽음과 질병과 부자연스러운 잠의 자리에서 나가자.

사람의 힘으론 막을 도리가 없는 커다란 힘이 우리 계획을 훼방 놓고 말았다.

자 어서 나가자. 네 남편은 네 가슴 위에 쓰러져 죽어 있고, 파리스도 죽었다.

자, 네 일은 수녀단께 부탁하마. 야경이 오는가 보니,

암말 말고 어서 나가자. 착한 쥬리엣, 이 이상 더 망설이고 있을 순 없다.

**JULIET**

Go, get thee hence, for I will not away.

*Exit FRIAR LAURENCE*

What's here? a cup, closed in my true love's hand?

Poison, I see, hath been his timeless end:

O churl! drunk all, and left no friendly drop

To help me after? I will kiss thy lips;

Haply some poison yet doth hang on them,

To make die with a restorative.

*Kisses him*

Thy lips are warm.

**쥬리엘**

신부님이나 나가세요. 전 안 나가겠어요. (*신부 퇴장*)

이게 뭐냐? 잔이 우리님 손에 꼭 쥐어있네?

불시에 독약을 먹고 죽었나보다. 요, 깍정이 좀 봐!

다 따라 마시고, 뒤엔 따라가지도 못하게 단 한 방울도 안 남겨놓았단 말인가?

그럼 당신 입술에 키스할래. 혹시나 독약이 입술에 아직도 묻어있다면

생명의 묘약 같이 날 천당에 보내주겠지. (*키스한다*) 입술은 따뜻하네!

**First Watchman**

[Within] Lead, boy: which way?

**야경1**

이애 앞서라, 어느 쪽이냐?

**JULIET**

Yea, noise? then I'll be brief. O happy dagger!

*Snatching ROMEO's dagger*

This is thy sheath;

*Stabs herself*

there rust, and let me die.

*Falls on ROMEO's body, and dies*

**쥬리엘**

아, 사람 소리! 그럼 얼른 끝장 짓자꾸나. 아이 좋아라. 단도가 있네.

(*로오미오의 단도를 잡아 뺀다*) 이 가슴이 네 칼집, (*자기 가슴팍을 찌른다*)

거기 박혀서 날 죽여다우. (*로오미오의 시체에 쓰러져 죽는다*)

Enter Watch, with the Page of PARIS

파리스의 사동이 야경과 함께 묘지에 등장

**PAGE**

This is the place; there, where the torch doth burn.

**사동**

여기예요, 저렇게 횃불이 타고 있잖아요.

**First Watchman**

The ground is bloody; search about the churchyard:

Go, some of you, whoe'er you find attach.

Pitiful sight! here lies the county slain,

And Juliet bleeding, warm, and newly dead,

Who here hath lain these two days buried.

Go, tell the prince: run to the Capulets:

Raise up the Montagues: some others search:

We see the ground whereon these woes do lie;

But the true ground of all these piteous woes

We cannot without circumstance descry.

**야경 1**

땅바닥이 피투성이로군. 묘지 일대를 수색하우.

자, 한패는 가서 아무 놈이든 만나는 대로 체포하우. (*야경 수명 퇴장*)

이게 웬 꼴인고! 백작은 칼을 맞아 여기 쓰러져 있고,

이틀 전에 매장된 쥬리엣은 갓 죽은 것 같이 따뜻한 채 피를 흘리고 있구먼.

어서 가서 영주님께 보고하우. 캬퓨텔집에도 뛰어가고,

몬테규네 사람들도 일으켜 깨우.

또 한 패도 수색하러가우. (*다른 야경들 퇴장*)

이 불행한 시체들이 쓰러져있는 장소는 눈앞에 보인다만,
이 불행들의 진상은 자세히 조사 않고서야 어디 알 도리가 있나.

Re-enter some of the Watch, with BALTHASAR
한패의 야경들이 발사살을 데리고 등장

**Second Watchman**

Here's Romeo's man; we found him in the churchyard.

**야경 2**

이자는 로오미오의 종이라는데, 묘지에서 잡았소.

**First Watchman**

Hold him in safety, till the prince come hither.

**야경 1**

영주님이 오실 때까지 잘 잡아두오.

Re-enter others of the Watch, with FRIAR LAURENCE
다른 야경이 로오랜스 신부를 데리고 등장

**Third Watchman**

Here is a friar, that trembles, sighs and weeps:
We took this mattock and this spade from him,
As he was coming from this churchyard side.

**야경 3**

이자는 신부인가 본데, 덜덜 떨면서 한숨을 쉬며 울며 합니다 그려.
이자가 묘지 이쪽에서 달아나기에 잡아서 괭이랑 삽이 랑도 압수해 놓았소.

**First Watchman**

A great suspicion: stay the friar too.

**야경 1**

대단히 수상한데. 이자도 잡아두오.

Enter the PRINCE and Attendants

영주가 시종을 거느리고 등장

**PRINCE**

What misadventure is so early up,

That calls our person from our morning's rest?

**영주**

새벽부터 무슨 변이 벌어졌기에, 아침에 잠도 못 자게 사람을 부르는 거냐?

Enter CAPULET, LADY CAPULET, and others

캬푸렐과 그의 부인 등장

**CAPULET**

What should it be, that they so shriek abroad?

**캬푸렐**

왜들 밖에서 저렇게 떠드나?

**LADY CAPULET**

The people in the street cry Romeo,

Some Juliet, and some Paris; and all run,

With open outcry toward our monument.

**캬푸렐 부인**

아유, 사람들이 한길에서, '로오미오' '쥬리엘' '파리스' 하고들

목이 터져 라고 부르짖으면서 우리 선산 쪽으로 줄달음질을 치는군요.

**PRINCE**

What fear is this which startles in our ears?

**영주**

사람의 귀를 깜짝 놀라게 하는 저 무서운 소리는?

**First Watchman**

Sovereign, here lies the County Paris slain;

And Romeo dead; and Juliet, dead before,

Warm and new kill'd.

**야경 1**

영주님, 파리스 백작이 칼 맞아 이렇게 쓰러져 있고 로오미오도 죽어있습니다.

그리고 벌써 죽은 쥬리엘마저 갓 살해되어 몸도 따뜻합니다.

**PRINCE**

Search, seek, and know how this foul murder comes.

**영주**

잘 수사하여 이 참혹한 살인의 진상을 규명하라.

**First Watchman**

Here is a friar, and slaughter'd Romeo's man;

With instruments upon them, fit to open

These dead men's tombs.

**야경 1**

여기에 신부 한 사람과 살해당한 로오미오의 종이 있는데,

이 자들은 시체의 무덤을 파기 알맞은 연장을 갖고 있습니다.

**CAPULET**

O heavens! O wife, look how our daughter bleeds!

This dagger hath mista'en–for, lo, his house

Is empty on the back of Montague,–

And it mis-sheathed in my daughter's bosom!

**캬푸렡**

아이구, 이런! 여보 마누라, 꼴좀 보우. 딸년이 피를 흘리고 있구려.

요놈의 단도가 미쳤나. 저것 보우. 몬테규 칼집은 비어있고,

엉뚱하게 딸년 가슴팍에 박혀 있구려.

**LADY CAPULET**

O me! this sight of death is as a bell,

That warns my old age to a sepulchre.

**캬푸렡 부인**

아이유유! 이 죽음의 꼬락서니라니, 조종 같이 이 늙은이를 무덤에로 불러대네.

Enter MONTAGUE and others

몬태규 등장

**PRINCE**

Come, Montague; for thou art early up,

To see thy son and heir more early down.

**영주**

여보 몬태규, 당신도 일찍 일어났지만 저것 보우, 그대의 외아들은 벌써 잠들어 있소.

**MONTAGUE**

Alas, my liege, my wife is dead to-night;

Grief of my son's exile hath stopp'd her breath:

What further woe conspires against mine age?

**몬태규**

아아, 영주각하, 처도 간밤에 죽었지요.

자식의 추방을 한탄한 나머지 결국엔 죽고 말았습니다.

그런데, 그 이상 무슨 불행이 이 늙은이를 못살게 하는가요?

**PRINCE**

Look, and thou shalt see.

**영주**

보면 알지.

**MONTAGUE**

O thou untaught! what manners is in this?

To press before thy father to a grave?

**몬테규**

오, 이 버릇없는 자식! 애비에 앞서 무덤에로 뛰어가다니 이 무슨 짓이냐?

**PRINCE**

Seal up the mouth of outrage for a while,

Till we can clear these ambiguities,

And know their spring, their head, their

true descent;

And then will I be general of your woes,

And lead you even to death: meantime forbear,

And let mischance be slave to patience.

Bring forth the parties of suspicion.

**영주**

잠간 분노의 입을 덮어 두오. 우선 이 의혹들을 풀고,

그 뿌리와 원인과 진상을 밝혀야 하겠소.

불행을 당하기론 당신네들에 못지않은 나요.

사형을 내려서라도 당신네들 원한을 풀어줄 테니까.

잠간 참고 불행을 꾹 눌러 두오.

자 혐의자들을 이리 불러대라.

(*야경들이 로오렌스 신부와 발사살을 데리고 나선다*)

**FRIAR LAURENCE**

I am the greatest, able to do least,
Yet most suspected, as the time and place
Doth make against me of this direful murder;
And here I stand, both to impeach and purge
Myself condemned and myself excused.

**신부**

제가 대 혐의자외다. 가장 약한 제가 때와 장소가 불운한 탓으로
이 무서운 살인의 최대 혐의자가 되고 말았지요.
저는 여기 서서 당연한 책임에 대해서는 제자신 규탄도 하고,
정당한 사리에 대해서는 제 자신 해명도 하겠습니다.

**PRINCE**

Then say at once what thou dost know in this.

**영주**

그럼 이 사건에 관해서 아는 바를 당장 말해보우.

**FRIAR LAURENCE**

I will be brief, for my short date of breath
Is not so long as is a tedious tale.
Romeo, there dead, was husband to that Juliet;
And she, there dead, that Romeo's faithful wife:
I married them; and their stol'n marriage-day
Was Tybalt's dooms-day, whose untimely death
Banish'd the new-made bridegroom from the city,
For whom, and not for Tybalt, Juliet pined.

You, to remove that siege of grief from her,
Betroth'd and would have married her perforce
To County Paris: then comes she to me,
And, with wild looks, bid me devise some mean
To rid her from this second marriage,
Or in my cell there would she kill herself.
Then gave I her, so tutor'd by my art,
A sleeping potion; which so took effect
As I intended, for it wrought on her
The form of death: meantime I writ to Romeo,
That he should hither come as this dire night,
To help to take her from her borrow'd grave,
Being the time the potion's force should cease.
But he which bore my letter, Friar John,
Was stay'd by accident, and yesternight
Return'd my letter back. Then all alone
At the prefixed hour of her waking,
Came I to take her from her kindred's vault;
Meaning to keep her closely at my cell,
Till I conveniently could send to Romeo:
But when I came, some minute ere the time
Of her awaking, here untimely lay
The noble Paris and true Romeo dead.
She wakes; and I entreated her come forth,
And bear this work of heaven with patience:
But then a noise did scare me from the tomb;
And she, too desperate, would not go with me,
But, as it seems, did violence on herself.
All this I know; and to the marriage

Her nurse is privy: and, if aught in this
Miscarried by my fault, let my old life
Be sacrificed, some hour before his time,
Unto the rigour of severest law.

**신부**

간단히 말씀드리지요. 짧은 여생이라 지루하게 이야기할 여유도 없습니다.
저기 죽어있는 로오미오는 줄리엣양의 남편,
역시 저기 죽어있는 쥬리엩은 로오미오의 성실한 아내였습니다.
이들의 결혼은 내가 시켰지요. 바로 그 비밀 결혼 날이 티볼트의 운명 날이었고,
그의 불의의 살해 때문에 식을 올린 지 얼마 안 된 신랑은 이 시에서 추방당했으며,
또한 쥬리엩의 슬픔인즉 티볼트 때문이 아니라, 로오미오 때문이었지요.
근데 댁에선 딸의 벅찬 슬픔을 없애자고 딸을 파리스 백작과 약혼시켜서,
억지로 식을 올리려고 했습니다. 그래, 따님은 나를 찾아와서 험상한 낯으로
이 두 번째 결혼을 모면할 방도를 강구해 달라고 강청하고, 불연이면,
내 암실에서 자살이라도 하겠다는 것이었지요.
그래서 나는 습득해 둔 수면제를 주었더니,
그만 뜻대로 효력을 내어 쥬리엩양은 가사假死 상태에 빠졌습니다.
한편, 나는 로오미오한테 편지를 쓰고, 이 무서운 밤을 마침 약효도 끊어질 시각이니,
그가 이곳으로 와서 나와 같이 쥬리엩을 그 가장假葬에서 구해내기로 했지요.
헌데 내 편지를 들고 간 존 신부는 사고로 길이 막혀,
어제 밤 그 편지를 돌려왔습니다. 그래서 결국 나는 당신 딸이 깨어날 예정 시간에 그 조상의 납골당에서 쥬리엩을 구해내려고 왔지요.
내 계획은 당신 딸을 내 암실에 비밀로 두고,
로오미오한테는 때를 찾아 연락한다는 것이었소.
헌데 와보니, 쥬리엩이 눈을 뜰 직전인데,
난데없이 파리스백작과 성실한 로오미오가 죽어 있구료.
마침 쥬리엩이 깨어나자, 나는 나가자고 권하고,

또한 이게 다 천명의 탓이니까 참으라고 권했지요.

때마침 나는 사람소리에 놀라서 무덤을 뛰어나왔는데,

쥬리엩은 실망한 나머지 따라 나오려고 않더니만,

결국 자살을 하고 만 것 같습니다.

이상이 내가 아는 진상입니다. 결혼에는 유모도 관여하고 있소.

만약 이중에 조금이라도 나의 과실이 있다면,

어차피 얼마 남지 않은 이 늙은 목숨,

추상같은 엄한 법에 비추어 응분의 처단을 내려 주십소사.

**PRINCE**

We still have known thee for a holy man.

Where's Romeo's man? what can he say in this?

**영주**

우리는 오늘까지도 그대를 고덕한 분으로 알고 있소.

그런데 로미오의 하인이라는 자는 어디 있느냐? 네가 할 말은 없는가?

**BALTHASAR**

I brought my master news of Juliet's death;

And then in post he came from Mantua

To this same place, to this same monument.

This letter he early bid me give his father,

And threatened me with death, going in the vault,

I departed not and left him there.

**발사살**

제가 쥬리엩 아가씨의 부고를 도령님께 전해드렸더니,

도령님은 만튜아에서 바로 이곳 이묘소로 말을 타고 달려 왔습지요.

그리고, 이 편지를 아침 일찍 아버님께 전하라고 분부하고 무덤속으로 들어가면서,

만약에 제가 도령님을 여기 내버려 안두고 떠나질 않는 날이면

죽인다구 위협하던뎁쇼.

**PRINCE**

Give me the letter; I will look on it.

Where is the county's page, that raised the watch?

Sirrah, what made your master in this place?

**영주**

그 편지를 이리 내라. 어디 읽어보자.

그런데 야경을 불러냈다는 백작의 사동은 어디 있느냐?

[*사동이 앞무대로 나선다*]

그래, 네 주인은 이곳에서 뭘 하고 있었는가?

**PAGE**

He came with flowers to strew his lady's grave;

And bid me stand aloof, and so I did:

Anon comes one with light to ope the tomb;

And by and by my master drew on him;

And then I ran away to call the watch.

**사동**

주인님은 아씨 무덤에 꽃을 뿌리려고 가시면서,

저보군 멀리 떨어져 있으라기에 저는 그렇게 했어요.

허자, 이내 누군가 등불을 들고 무덤을 열러왔는데,

주인님은 대뜸 그분한테 칼을 빼들기에 전 야경을 부르러 달려갔어요.

**PRINCE**

This letter doth make good the friar's words,

Their course of love, the tidings of her death:

And here he writes that he did buy a poison

Of a poor 'pothecary, and therewithal

Came to this vault to die, and lie with Juliet.

Where be these enemies? Capulet! Montague!

See, what a scourge is laid upon your hate,

That heaven finds means to kill your joys with love.

And I for winking at your discords too

Have lost a brace of kinsmen: all are punish'd.

**영주**

이 편지를 보니, 저들 사랑의 경유라든가,

쥬리엘의 부고라든가 신부의 증언이 틀림이 없고,

또 편지엔 로오미온은 가난한 약방영감한테 독약을 구해서 그걸 가지고 자살하여

쥬리엘과 한 무덤에 매장되려고 온 것도 명백하오.

양편 원수들은 어디 있소? 캬푸렡과 몬태규는?

자, 상호간의 증오에 대해서 어떠한 천벌이 내렸는가? 좀 보구려.

결국 그대들의 기쁨이어야 할 자식들은

서로 사랑함으로써 도리어 서로 파멸되고 말잖았소!

그런데 나도 그대들의 불목을 등한시하고 있다가 친척을 2사람이나 잃고 말았구려.

다들 벌을 받았소.

**CAPULET**

O brother Montague, give me thy hand:

This is my daughter's jointure, for no more

Can I demand.

**캬푸렡**

오, 몬태규 사돈영감, 악수를 합시다. 혼수 대신이외다.

어디 이 이상 바랄 수야 있습니까.

**MONTAGUE**

But I can give thee more:

For I will raise her statue in pure gold;

That while Verona by that name is known,

There shall no figure at such rate be set

As that of true and faithful Juliet.

**몽태규**

아니, 그 이상을 드리리다. 나는 순금으로 따님의 상을 세우고,

베로오나가 그 이름으로 알려지는 동안에는 성실하고 정숙한 쥬라엘의 상을 천하 제일로 찬양받는 상으로 하리다.

**CAPULET**

As rich shall Romeo's by his lady's lie;

Poor sacrifices of our enmity!

**캬푸렡**

그럼, 그와 똑 같이 훌륭한 로오미오 상도, 그 아내의 상 곁에 세우리다.

두 집 반목의 불쌍한 희생자들이라니!

**PRINCE**

A glooming peace this morning with it brings;

The sun, for sorrow, will not show his head:

Go hence, to have more talk of these sad things;

Some shall be pardon'd, and some punished:

For never was a story of more woe

Than this of Juliet and her Romeo.

**영주**

구슬픈 평화를 가져오는 아침이고,

태양도 슬퍼 선가 고개를 안 드는구려.

자, 이제 가서  슬픈 얘기나 합시다. 더러는 용서하구, 더러는 처벌하겠소.

세상에 슬픈 얘기로서니,

쥬리엘과 로오미오의 이야기보다 더한 것이 어디 있을라구요.

Exeunt

-모두 퇴장

PLAY ENDS

(세계문학전집 3 정음사 번역: 김재남)

저자 수필 4편

# 사막에 대한 글

## 1 내가 본 사막

사막은 사하라 사막 같은 모래사막만 사막인줄 알았다. 그러나 사막은 모래사막만 있는 것이 아니다. 남극 같은 만년설이 쌓여 두꺼운 얼음 층으로 인하여 식물이 자랄 수 없는 곳은 영구빙설 사막이라고 한다. 따라서 세계에서 제일 큰 사막은 남극대륙(14,000,000km²)의 영구빙설 사막이 이에 해당된다. 그린란드 사막과 툰드라 사막도 있다. 물론 모래사막으로는 가장 큰 사막이야 사하라 사막이다. 넓이가 9,400,000km²이다. 이 넓이는 미국의 국토(9,826,675km²)에서 캘리포니아 주(423,970km²)의 넓이를 뺀 땅과 비슷하다. 굉장하지 않는가. 사막은 자갈 사막, 바위 사막도 있다.

사막에 대하여 그 동안 많은 이야기를 들었다. 그러나 직접 눈으로 보아야 한다. 미국 서남부의 사막은 TV에서 본 사막과는 많이 달랐다. 사막은 위도에 의해서 결정되는 것이 아니고 강우량에 의해서 형성된다. 대체로 사막은 강우량이 250mm이하인 곳이다. 자료를 찾아보니까 미국의 큰 사막은 일곱 군데이다. 이렇게 많은 사막이 미국`에 있는지 몰랐다.

* 그레이트베이슨 사막The Great Basin Desert 190,000 평방마일 (494,000km²) (네바다 주 북쪽의 블랙록 사막 포함)
* 그래이트솔트레이크 사막 The Great Salt Lake Desert 7,200평방마일 (18,720km²)
* 데스밸리 사막 Death Valley Desert 7,800km²
* 모하비 사막The Mojave Desert 65,000 km²
* 소노란 사막The Sonoran Desert 311,000km²
* 치와와 사막 The Chihuahuan Desert 362,600km² 북중남미 여행 일기 Ⅳ 118

* 콜로라도 사막 The Colorado Desert 28,000㎢

이들 사막이 위치한 곳은 애리조나, 뉴멕시코, 텍사스, 유다, 네바다, 캘리포니아 주와 멕시코 북부에 위치해 있다. 이들 주 말고도 미국의 서부에 해당하는 워싱턴, 아이다호, 와이오밍, 오리건 주에도 작은 사막들이 있고 또한 캐나다의 서남부와 멕시코에도 작은 사막들이 있다.

미국 서남부의 사막을 가까이서 본 것은 뉴멕시코 주의 앨버커키에서 샌타페이Santa Fe에 가는 도로변에서였다. 시내를 벗어나자 사막이 나타났다.

낮은 산과 구릉에는 잿빛 땅에 붙은 나무와 풀이 듬성듬성 나있을 뿐 농장이나 목장은 보이지 않았다. 사막이라기보다는 황무지로 보였다. 가끔 가다가 산에 내 키 정도의 관목의 숲이 보이기도 했다.

그런 곳에 커다란 도시가 들어섰다. 도시에는 우수한 대학과 연구소가 있다. 사막을 발전시키려는 미국 정책의 일환이 아닐까? 이 넓은 사막에 무엇이 숨어있을지? 그것을 탐구해내려는 뜻일 것이다.

이 쓸모없어 보이는 사막에 광물이 많이 매장되어 있다. 그 중에서도 검은 황금 석유이다. 세계 5대 석유 산유국은 사우디아라비아, 미국(서남부), 아랍에미리트, 이란, 이라크 이다. 모두가 사막 지역이다.

탐사와 채굴 기술의 발달로 셰일 오일이나 오일 샌드 등 화석연료가 부상하면서 사막의 중요성은 더욱 높아지고 있다. 미국의 그레이트 베이슨 사막에는 엄청난 석유 자원이 매장되어있다.

사막에서 가장 풍부한 것은 햇빛이다. 태양열 발전소의 좋은 후보지이다. 석유와 햇빛은 에너지의 근원이다.

미국은 불모의 사막을 군사시설로 사용하고 있다. 원자탄이나 수소폭탄 실험을 사막에서 하고 있었다.

뉴멕시코 주의 남쪽과 텍사스 주의 서북쪽은 치와와 사막The Chihuahuan Desert이다. 이곳에 미국에서 제일 큰 군사시설이 두 곳이나 있다. 뉴멕시코 주의 남쪽에 알라모골도Alamogordo시가 있는데, 인구 35,582명의 작은군사 도시이다. 주민들 대부분이 퇴역 군인과 군속이다. 이 도시는 해발 1,322m의 고지대에 있으며 연강수량이 264mm인 사막 기후이다. 도시 서쪽에 유명한 투라로사 분지Tularosa Basin가 있다. 투라로사 분지의 넓이는 16,800km$^2$이며 남북 길이가 240km이고 넓이가 100km$^2$이다. 동쪽에는 세크라멘토 산맥Sacramento Mts이, 서쪽에는 산 안드레스San Andes와 오스크라 산맥Oscura Mts이 있다. 북쪽은 코로라도 고원 지각 판이 있고 남쪽은 화이트 샌드 내셔널 모뉴먼트White Sands National Monument가 있다.

지형적인 특성으로 투라로사 분지에는 홀로만 공군기지Holloman Air Force Base와 역사적인 트리니티 핵실험 사이트를 포함한 화이트 샌드 미사일 기지the White Sands Missile Range with the historic Trinity nuclear test Site가 있다. 이곳이 미국에서 제일 큰 군사시설이다. 핵 실험이나 미사일 발사 등 모든 것을 수행할 수 있는 군사시설을 갖추고 있다. 제2차 세계대전 때 일본에 투하된 원자탄도 뉴멕시코 주의 북쪽에 있는 로스 알라모스 원자력연구소에서 만들었고 이곳에서 핵실험을 거쳤다. 텍사스 주와 뉴멕시코 주의 접경지에 엘 페소라는 특이한 도시가 있다. 텍사스 주에서 여섯번째 큰 도시이고 미국에서도 19번째 큰 도시이다. 인구가 665,568명이다. 이 궁벽한 지역이 이렇게 큰 도시가 된 이유가 있다.이곳에 볼리스 요새(미국 육군 대공방어 센터)가 있는데, 뉴멕시코 주의 남쪽 지역까지 뻗쳐있어, 넓이가 4,400km$^2$로, 미국에서 2

번째로 큰 군사시설이고 그곳의 군사비는 지역경제에 커다란 도움이 된다. 모든 군사시설은 미국일지라도 비공개이다. 그러나 지도에는 엄연히 표시되어 있다.

중요 군사시설인 화이트 샌즈 미사일 레인지White Sands Missile Range(8,300km²)는 크기가 블리스 요새의 약 2배이다. 치와와 사막은 사막이지만 이렇게 국가 안보에 중요한 시설물을 제공해준다.

3 내가 본 사막

남미에도 사막이 있는 줄은 꿈에도 몰랐다. 남미의 서부 태평양 연안에 사막이 있었다. 남미의 사막으론

*아타카마 사막Atacama Desert칠레북부-페루-105,000㎢
*세추라 사막Sechura Desert피울라지역의 페루-188,735㎢
*라 과히라 사막La Guajira Desert북부의 사막 콜롬비아와 베네주엘라
*파타고니아 사막Patagonia Desert남미에서 가장 큰 사막-아르헨티나와 칠레의 남쪽 끝
*몬테 사막 Monte Desert아르헨티나

이 중에서 칠레의 서북쪽에 있는 아타카마 사막, 페루의 북서쪽에 있는 세추라 사막, 아르헨티나의 중서부에 있는 몬테 사막 등은 직접 가보았다. 아타카마 사막과 세추라 사막은 붙어 있다. 몬테 사막은 안데스 산맥을 사이에 두고 아타카마 사막과 붙어 있다. (저자의 북중남미 여행 일기 4권 메일과수필 참조)

아르헨티나의 서쪽 국경 근처에 있는 멘도사에 갔을 때 사막의 징조가 뚜

렷하게 나타났다. 사막이 되는 조건은 바로 강수량이다. 이 도시의 평균 강수량은 223.2mm이다. 11월부터 2월까지 반 정도의 비가 내린다.

그보다 먼저 아르헨티나의 중부에 있는 코르도바에 갔을 때 사막의 징조가 나타났다. 멘도사보다는 심하지는 않았지만 건조지대라는 것을 알 수 있었다. 코르도바는 아르헨티나에서 두 번째로 큰 도시이다.

멘도사는 사막지대지만 세계적인 포도 생산지가 되었다. 여름철에 내리는 비와 안데스 산맥의 눈 녹은 물을 저수지에 저장해두었다가 대규모 관개시설로 포도와 올리브 과수원을 조성했다. 포도재배에 가장 필요한 것은 햇빛과 물이다. 사막에는 햇빛이 풍부하다. 물은 저수지 등으로 확보하면 된다.

멘도사에는 이런 과수원이 끝이 보이지 않을 정도이다.

멘도사 근처의 안데스 산은 나무가 거의 없는 회색의 산이다. 물론 높은 산들이기 때문이기도 하지만 산기슭에도 나무는 없었다. 칠레의 수도 산티아고도 멘도사와 비슷했다. 산티아고의 교외에도 포도원이 많았다.

칠레의 라 세레나에는 엘키강이 흐르고 있는데 강을 따라 끝없이 포도원이 있었다. 이곳도 사막이다. 사막에는 물만 있다면 과일이 잘 열린다. 그리고 포도가 달다. 바로 햇빛이 풍부하기 때문이다.

라 세레나까지는 미국 서남부의 사막과 비슷했으나 아리키파 위쪽은 풀한 포기 찾기 힘든 그런 사막이었다. 세계에서 가장 건조한 사막이란다. 안데스 산맥의 서쪽 해안지방이 특히 심했다. 도시들은 작은 강 하구에 조성되었다.

사막지대의 도시는 광산지대이다. 남미의 사막 도시들도 광산지대이거나 해양의 도시들이었다. 세계 최대의 노천 구리 광산인 추키카타마 광산도 아타카마 사막에 있다. 수산업과 관광이 주 임을 알 수 있었다.

# 브뤼셀의 만화박물관

사실 나는 만화를 그리 좋아하지 않는다. 우리가 성장할 때는 만화책이 부족했고 지금처럼 인기도 없었다.

만화는 풍자가 주로이고 과장되거나 익살스러워 조금은 진실과 동 떨어져있다고 생각했다. 그런 생각으로 해서 만화가 하위 예술로 취급된 것도 사실이었다.

나의 청소년 시대는 2차 세계대전과 6.25동란 이후인데다 냉전시기이어서 실존철학이 주류 사상이었다. 좀 심각한 시기이었다. 그래서 그랬는지 우리도 심각했었다.

지금은 만화가 미치는 영향력이 예술의 어느 장르를 뛰어넘고 있다. 언젠가 세계에 영향을 미치는 인물 100명을 선정했는데 만화가는 들어 있으나 다른 예술가들은 빠진 것을 보았다.

사실 만화는 문학과 그림이 결합된 분야이다. 그러니 파괴력이 더 강할 수 밖에 없다.

나도 나이를 먹으면서 4단 짜리 신문 만화comic strip를 접하면서 만화에 대한 인식을 달리하게 되었다. 만화에 대한 설명을 잠깐 살펴보겠다.

> 만화漫畵는 시각 예술의 일종으로, 일반적으로 말풍선이나 자막 형태로 적힌 글과 그림의 조합으로 이루어진다.
>
> 만화의 종류는 케리커처caricature(사람이나 동물의 특징을 과장해서 그림), 카툰cartoon(사건 또는 정치적 · 사회적 풍조를 풍자해서 그린 1장짜리 그림), 코믹 스트립comic strip(줄거리가 있는 만화), 애니메이션animation(영화에 나오는 그림이나 무생물을 움직이거나 살아 있는 것처럼 보이게 하는 것)을 말한다.

지역별로는 미국 만화, 유럽 만화, 동양만화로 분류할 수 있다. 동양만화는 한국과 일본 만화를 뜻한다.

■ 만화 창작실

80여 일 간 유럽 14개국을 관광하면서 미국과 중남미를 여행하며서 숱한 박물관을 보았지만 만화박물관은 벨기에의 브뤼셀에서가 유일했다.

오르타와 워히즈 창고Horta and the Waucquez Warehouse는 벨기에의 브뤼셀에 있는 만화박물관 건물이다. 이 건물은 벨기에의 유명한 아브노브 건축가인 빅토르 오르타에 의해서 지어진 100년이 넘는 건물로 처음에는 옷과 직물을 팔던 곳이었는데 1984년에 정부가 구입해서 만화센터가 되었다고 한다.

문을 열고 들어가자 기념품상점과 어디선가 본 듯한 귀여운 만화 캐릭터들이 반겼다. 매표소는 2층에 있었다. 관람객이 생각보다 많았다. 어린애를 데리고 온 가족들이 특히 많았고 성인들도 많았다. 노인들도 제법 있었다. 외국 관광객도 많았는데 일본 관광객과 중국 관광객이 주로 이었다.

벨기에 만화를 이끈 두 잡지 〈땡땡〉과 〈스피루〉를 전시해 놓았다. 다음과 같은 글귀가 눈에 띄었다.

"The marriage of the ninth art and Art Nouveau 제 9예술과 아브누보의 결합" 이라는 문구이었다. 그리고 유럽만화의 아버지인 벨기에의 작가 에르제Hergo와 그의 작품 〈땡땡의 모험The Adventures of Tintin〉에 관한 자료를 많이 전시해 놓았다.

에르제의 경력과 피켓을 든 열열한 애독자들의 그림과 땡땡의 시대별 주인공의 변천표을 보면 그가 얼마나 위대한 만화가인가를 알 수 있었다.

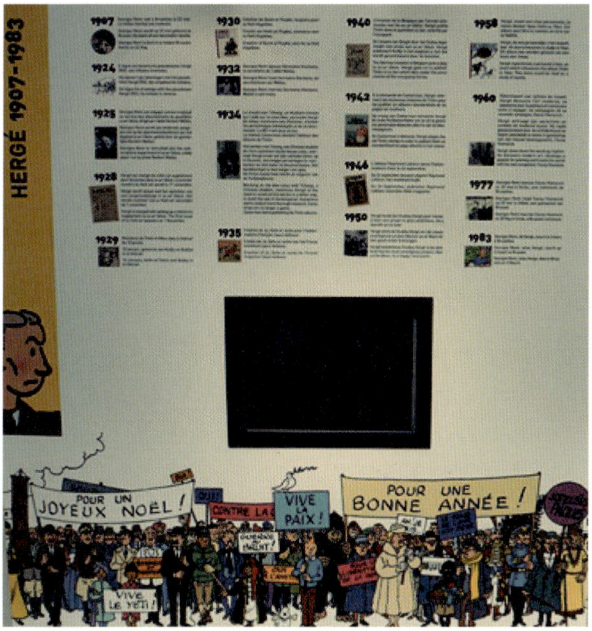


■ 에르제의 경력과 열광하는 팬들

에르제 못지않게 유명한 천재 만화가인 앙드레 프랑캥André Franquin과 그의 작품 〈가스통 라가프Gaston Lagaff〉와 〈마수필라미Marsupilami〉도 전시해 놓았다.

■ 프랑캥과 그의 작품 가스통 라가프

프랑캥은 카툰의 대가로 자신의 세계관과 철학을 표현했으며 사회, 정치, 나아가 세계에 참여하는 비판의식을 담고 있는 유럽만화의 특징을 잘 보여 주었다.

우리나라에도 많이 소개된 개구쟁이 스머프로 유명한 페요Peyo, 틸뢰Maurice Tillieux, 바다를 사랑한 만화가 무어Bob de Moor, 반데르스틴Willy Vandersteen 등 벨기에를 대표하는 만화가들과 작품들도 소개해 놓았다.

또한 곳곳에 TV에서 본 캐릭터가 진열되어 있었다. 만화가의 집필실도 흥미로웠다.

박물관에는 만화의 영역과 소재 등에 대해서도 전시해 놓았다.

애니메이션의 출현으로 만화는 다양한 만화영화까지 나오는 수준에 이르렀다. 그러니 만화사업은 경제적으로 부를 창출한다. 이런 점에서 많은 사람들이 관심을 갖게 된 것일 것이다.

벨기에의 만화박물관을 통해서 만화를 다시 한 번 생각하는 계기가 되었다.

# 계백장군 유적지

연산에서 5년 간 근무하면서 연산근처에 있는 유적지는 대부분 가 보았다. 계백장군의 삼영인 산직리 산성과 황령 산성, 모촌리 산성, 개태사와 김장생 선생의 돈암서원, 노성의 윤증 고택도 가보았다. 신도안도 가보았다.

그런데 부적면에 있는 계백 장군 묘소는 가보지 못했다. 패망한 나라의 패장의 묘라 그 초라함이 상상이 되었기 때문이었다. 그러나 그곳에 가보지 못한 것이 왠지 늘 마음에 걸렸다.

지난해 가을에 코스모스가 만개할 무렵 친구들과 우연히 그곳에 들렀다. 유적지는 탑정저수지에서 지척인 야산에 있었다. 경내로 들어서는 순간 상상과 현실은 현격한 차이가 있음을 알았다. 내가 얼마나 현실을 모르는 사람인가 하는 뉘우침이 들었다. 경내는 깨끗했고 새로 지은 건물과 조경이 조성한지 얼마 안 되는 것 같았다. 차를 주차하고 매표소로 발걸음을 재촉했다. 유적지는 굉장히 넓었다.

모두가 경로라 무료 관람이었다. 계백장군 유적지는 충청남도 기념물 제74호 이란다. 팸플릿을 받아들고 시계방향으로 돌았다.

처음 간 곳은 계백장군 동상이었다. 갑옷을 입은 위풍당당한 모습에다 큰 칼로 독전하는 기마상이었다.

다음 코스는 충장사 이었다. 충장사는 계백장군의 위패와 영정을 모셔놓고 매년 4월에 제례를 지낸단다. 향로에 향을 집어넣고 묵례를 올렸다.

노송의 소나무 숲에 장군의 묘가 있었다. 별로 크지 않은 외로운 무덤이었다. 잔디는 잘 정리되었고 잡풀도 눈에 띄지 않았다. 내 키 정도의 비석에 "백제계백장군지묘百濟階伯將軍之墓" 라는 글자가 선명했다. 전에는 맨 앞에 '전傳' 자를 넣었는데 그 자를 없앴단다.

사실 이 묘소의 진위에 대한 찬반 의견이 무성했었다. 그런데 논산군에서 이곳을 성역화하면서 고증에 고증을 거쳐 전 자를 없앴단다. 전 자는 전해진다는 의미로 확실하지 않다는 뜻이다. 성역화 이전에는 무연고 분묘로 많이 훼손되었었다고 한다.

황산루는 뒷산의 정상에 있었다. 그곳에 오르니 탑정호가 훤히 보였다. 황산벌이 지금 탑정호의 자리라고 한다.

박물관은 지하 1층, 지상 2층의 건물로, 주요시설은 3개의 전시실과 호국관, 기획전시실, 정보검색실, 4D영상관, 체험시설(국궁체험, 승마체험, 상설야외 체험장) 등으로 구성되어 있었다. 기념관은 규격화된 구조이었다.

한 바퀴 돌아보고 느낀 점은 계백장군 유적지를 이렇게 크게 할 필요가 있을까 하는 점이었다.

이미 1300년 이전의 인물인데다 패전지장이다. 6.25사변 때 전사한 우리나라 장군들의 묘는 국립현충원에 한 평 남짓한 땅에 잠들어 있다.

건국대통령의 기념관이나 동상도 없고 국토가 좁다고 해서 국민에게는 화장을 권장하는 형편이다.

계백은 애국충절의 귀감이 되는 장군이지만 한 사람의 장군에게 몇 만평은 부당하다는 생각이 들었다. 물론 공원화해서 군민들의 휴식공간화 하고 관광지화 한 것은 이해가 된다. 그렇다고 해도 관광객은 별로 없었다.

5만대 5천의 전투는 상식적으로 보면 지는 것이 당연할지도 모른다. 그러나 전쟁은 병력의 숫자로 결정되는 것은 아니다. 충무공은 12척의 배로 133척의 왜선을 격파하지 않았던가? 고구려는 30만 군대로 300만 대군을 격퇴한 일도 있다.

계백은 왜 가족을 자기 손으로 죽이고 전투에 임했을까? 이 점도 마음에 들지 않는다. 이 행동은 이미 지고 들어간 것이다. 물론 반대로 해석하는 사람들도 있을 것이다. 장군의 각오를 높이 사고 싶은 사람들 말이다. 나는 그렇게 생각하지 않는다. 그것은 참 용기가 아니다. 참으로 용기 있는 자는 국가와 가족을 위해서 전장에서 싸운다. 죽고 사는 것은 운명일 수도 있다.

백제는 왜 망했을까? 나라의 운명은 사람에게 있다. 제갈량이 죽자 촉나라는 멸망했다. 연개소문이 죽자 고구려도 멸망했다. 의자왕의 무능 때문에 백제가 멸망한 것은 아닐까.

그런데 백제사를 들여다보면 의자왕 단 한 사람 때문에 백제가 망했다고 할 수가 없다. 선왕들로부터 쌓여온 나라의 운명 또는 사건이 초래한 국력의 쇠약일 것이다. 의자왕 대에 와서 멸망이 종결됐다고 할까.

백제의 전성기는 13대 근초고왕 시대이다. 고구려의 고국원왕이 남침을 하자 근초고왕은 평양성까지 진격해서, 평양성 전투에서 고국원왕을 사살하였다. 고국원왕의 증손자인 장수왕은 남진정책을 써 증조할아버지의 원수도 갚고 국토도 넓혔다. 백제 개로왕은 수도를 잃고 장수왕에게 아차산성에서 죽었다.

개로왕은 국가를 위해서 싸우다가 전사한 왕이다. 세자를 남쪽으로 내려보내고 왕은 몸소 싸워서 장렬한 최후를 맞는다. 후대의 의자왕의 행동과 임진왜란 시기의 선조의 행동에 비하면 얼마나 훌륭한가. 개로왕 전사 후 백제의 왕들에게 참혹한 사건이 연달아 일어난다.

개로왕의 아들 문주왕은 웅진으로 천도한 후 즉위한지 2년째 되는 해에 불만을 품은 귀족인 해구에게 살해당한다. 다음 왕인 삼조왕은 즉위한 다음 해에 역시 해구에게 살해당한다. 동성왕은 23년 간 재위하였으나 백가가 보낸 자객에게 살해당한다.

웅진시대의 무령왕 만이 22년 간 재위했으나 백가의 반란을 치른다.

사비로 천도한 성왕은 한수유역을 회복하였으나 신라의 배반으로 관산성

전투에서 신라의 매복군에게 사로잡혀 처형당한다. 다음의 위덕왕은 44년 재위하였으나 세자 시절에 나가지 말라는 전투에 나가 부왕을 죽게 한 장본인이라 평생을 귀족의 시달림을 받는다. 그 다음의 혜왕과 법왕도 재위가 각각 1년이다. 다음이 서동요로 유명한 무왕이다. 그는 익산으로 천도를 꿈꾸었으나 귀족의 반대로 무산된다. 그 다음이 의자왕이다.

개로왕부터 11명의 왕 가운데에 2명 전사, 3명 부하에게 살해, 2명 재위 기간 1~2년, 의자왕 항복. 이 지경이니 왕권이 재대로 설수가 없었을 것은 명확하다.

또한 왕도를 옮긴다는 것은 쉬운 일이 아니다. 웅진 천도는 어쩔 수 없는 선택이었지만 성왕시대 사비로 천도, 또 무왕은 익산으로 천도를 꿈꾸었다. 천도는 국가적인 대역사이다. 따라서 많은 부작용이 따르기 마련이다. 백성의 고충은 말할 것도 없고 국고는 텅 빈다. 세금을 걷어야한다. 국민의 불평과 원성은 높아 갈 때까지 간다.

다음은 라당 연합군과의 마지막 전쟁을 살펴보자.

삼국사기에 다음 구절이 있다.

> 의자왕 17년 봄 정월, 왕의 서자 41 명을 좌평으로 임명하고, 그들에게 각각 식읍을 주었다.

이 치졸한 사건은 기존 귀족들의 반발을 초래했을 것이다. 왕은 신하를 못 믿고 귀족은 국왕에 협조하지 않았을 것이다.

라당 연합군은 당군 13만, 신라군 5만으로 18만 대군이다. 소정방의 당군은 백강으로, 김유신의 5만은 탄현으로 진격했다. 잘 알려진 황산 전투에서 계백은 5천 결사대로 5만의 군과 싸웠으나 중과부적으로 패하여 전사하였다.

백강전투에서는 배를 타고 온 당군이 육지에 오르려면 갯벌을 통과해야하는데 신라 장군 양도가 버들로 엮은 돗자리를 준비하여 신속하고 무사히 상륙해서 전투태세에 임했기 때문에 승리할 수 있었다고 한다.

황산 전투와 백강전투에서 패한 백제의 마지막 전투인 사비성 전투에서는 싸움에 의해서가 아니고 성안에 있던 백제 인들의 투항 때문에 함락되었다고 한다.

그 원인을 제공한 자는 의자왕 자신이었다. 의자왕은 세자를 데리고 웅진성으로 도망친 것이었다.

사비성에 방어책임을 지고 성에 남은 둘째 아들 태가 스스로 왕이 되어 싸웠으나 신하들 중 일부가 투항을 했다. 투항을 주도한 문사는 다음과 같이 말했다고 한다.

> 태자의 아들 문사가 왕의 아들 융에게 이르기를 "왕께서는 태자와 함께 나가 버렸고, 숙부는 자기 마음대로 왕 노릇을 하고 있으니 만일 당 나라 군사가 포위를 풀고 가버리면 우리들이 어떻게 안전할 수 있겠는가?"라 하고, 마침내 측근들을 데리고 밧줄을 타고 성을 빠져 나가고 백성들도 모두 그를 뒤따랐다.

이것이 사비성이 함락된 이유이다.

다음은 웅진성의 정황이다.

구당서에 다음과 같은 글이 있다.

> 其大將禰植又將義慈來降
> 그 대장 예식이 의자왕을 끌고 항복하러 왔다.

웅진성주 예식이 의자왕을 포로로 잡아 적군에게 바친 것이다. 국가를 생각하지 않는 부하의 하극상이다. 이런 나라는 망하지 않을 수가 없다.

어느 나라, 어느 시대나 국가의 흥망성쇠는 같지 않을까. 남북이 대치한 오늘날에도 백제 멸망을 곱씹어볼 필요가 있다.

# 월여산 기슭에서

며칠 전 경상남도 북부지방인 거창, 함양, 산청을 여행했다. 2박 3일의 조촐한 여행이었다.

5월의 신록은 참 아름다웠다. 우리나라 산천이 이렇게 아름답다니! 자부심을 가져도 될 것 같다. 계곡을 흐르는 물과 청명한 날씨. 덥지도 춥지도 않는 알맞은 봄 날씨. 여행하기에 딱 좋은 날씨이었다.

거창은 처음 가보았다. 산이 높고 들이 넓었다. 건물들도 도시 태가 났다. 읍내의 인구가 4만이란다. 지도를 찾아보니 거창은 소백산맥과 가야산맥 사이에 있는 전형적인 산간분지이다. 지리산의 천왕봉이 그리 멀지 않다. 남덕유산은 고대다. 가야산도 가까이 있다. 1000m가 넘는 고봉이 읍내를 에워싸고 있다.

이틀 밤을 거창에서 잤다. 거창하면 맨 먼저 떠오르는 것이 거창양민 학살사건이 아닐까? 전쟁의 비극을 대표하는 그곳에 가보고 싶었다.

차는 꼬불꼬불한 산길을 달렸다. 도로 옆으론 다락 논과 밭들, 촌락들이 이어졌다. 한국의 여느 산골과 다를 것 없는 평화스러운 정경이었다.

신원면 면소제지를 막 지나자 비극의 장소인 박산골 학살장소가 나타났다. 평범한 장소이었다. 이곳이 그 비극의 장소라니 믿을 수 없었다. 차에서 내려 그곳으로 무거운 발길을 옮겼다. 박산골 희생장소 보존비만 덩그렇게 서있었다. 비석의 왼편 측면에는 내력이 쓰여 있고 뒷면과 오른쪽 측면은 희생자의 이름을 새겨놓았다. 희생자가 517명이며 노인과 어린이 여자들이 대부분이었단다. 입구에는 어느 시인의 〈박산아 말해다오〉 라는 절규의 시를 새겨놓았다. 장소가 매우 협소했다.

추모공원은 학살 장소에서 얼마 안 되는 월여산 기슭에 있었다. 상당히 넓은 곳이었다. 안내문에 준공 날짜, 배치도, 부지가 162.423$m^2$라는 사실. 추모공원 조성 취지 등의 글이 있었다.

"억울하게 죽어간 영령들의 넋을 위로하고 유족들의 아픔을 함께하며 진정한 국민통합과 인권실현을 위해 우리가 해야 할 일을 경건하게 생각해보는 자리가 되기를 바란다."

라고 적고 있다.

추모객도 관광객도 보이지 않았다. 잡부들이 잡초 제거와 보수를 하고 있었다.

거창 사건의 경위는 다음과 같다.

한국전쟁이 한창이던 1951년 2월 10일과 11일에 걸쳐, 지리산 일대에서 인민군과 빨치산을 토벌하던 국군 제11사단 9연대가 적과 내통한 '통비분자'라는 혐의로 무고한 민간인을 대량 학살한 사건이 거창양민학살사건이다. 그 때 희생자가 719명이나 됐다. 그 가운데 14세 이하의 어린이가 359명으로 절반을 차지하고 있으며, 61세 이상의 노인이 74명(유족회 조사)이다. 성별로는 남자가 313명, 여자가 388명이다. 천인공노할 사건이었다.

지리산 일대의 빨지산은 인민군 2사단 6사단을 주축으로 숫자가 대략 4만 정도이었다. 이에 국군은 이들 빨치산 토벌을 전담하는 제11사단(사단장 최덕신 준장)을 배치했다.

그 당시 지리산 근처의 마을은 밤에는 빨지산의 세상이고 낮에는 아군이 지배했다. 그러나 밤과 낮을 빨지산이 지배하는 해방구가 더러 있었는데 신원면 일대는 빨치산들의 세력권 안에 들게 되는, 이른바 대표적인 '해방구'가 되었다.

사단장 최덕신은 토벌작전을 견벽청야작전이라고 명명했다. '견벽청야堅壁淸野'

는 일종의 초토화작전인 셈이다. 연대 지휘관회의에서 시달된 작전명령 부록에는 다음과 같은 지침들이 포함되어 있었다.

- 작전지역 안의 인원은 전원 총살하라.
- 공비(빨치산)들의 근거지가 되는 건물은 전부 소각하라.
- 적의 보급품이 될 수 있는 식량과 기타 물자는 안전지역으로 후송하거나 불가능한 경우에는 소각하라.

이 작전 명령이 철저하게 지켜졌다. 전시 상관의 명령이니 당연시되었다. 7월 27일부터 12월 16일까지 고등군법회의가 대구에서 열렸다. 마지막 선고공판에서 재판부는 연대장 오익경에게 무기, 대대장 한동석에게 징역 10년, 소대장은 무죄로 판결되었으나 이듬해 전부 사면되었다. 이해가 안 되는 것은 사단장이 빠진 것이다. 사단장 최덕신은 후에 박정희 대통령과 사이가 좋지 않아 미국에서 이북으로 넘어간 사람이다.

양민학살 사건은 거창뿐 아니라 지리산 주변의 대부분의 마을에서 크고 작게 자행되었다. 아니, 지리산 주변뿐 아니라 전국의 방방곳곳에서 일어났다. 민간인 희생자들의 대부분은 밤에는 빨지산에게, 낮에는 군경에서 시달렸고 저쪽은 이쪽편이라고 죽이고 이쪽은 저쪽편이라고 죽였다. 힘없는 백성은 파리 목숨이었다. 전쟁의 혼돈에서 일어날 수 있는 공식이다.

6. 25전쟁 중 이에 못지않은 사건은 보도연맹 학살 사건과 국민방위병 사건이다. 보도연맹 사건은 대한민국에서 국민 중 공산주의 경력자와 용공의심자를 학살한 사건으로 희생자의 숫자를 파악할 수 없어 10만에서 30만이라고 한다. 국민방위병 사건은 군예산부정착복 사건으로 1. 4후퇴 시 의용군으로 인민군에 징집되는 것을 막기 위해 징집한 젊은이들을 죽음으로 몰아넣은 사건이었다. 굶주림과 동사로 희생자가 10만에 육박했다고 한다.

기록을 찾아보니, 6. 25사변으로 인한 인명 피해는 민간인을 포함 450만 명이다. 그 가운데 남한이 민간인 100만을 포함한 약 200만이고, 북한은 민간인 100만을 포함하여 250만 명으로 추산한다. 군인 전사자는 한국군 22만 7,748명 미군 3만 3,629명. 기타 UN군 3,194명이며, 중공군은 약 90만 명, 북한군 54만 명으로 추산되고 있다.

남북한 공동으로 전쟁을 수행한 군인들 보다 민간인 희생자가 훨씬 많은 것은 무엇을 말해주는가?

이번 여행으로 6.25 전쟁의 비극을 되씹어보지 않을 수 없었다. 내가 초등학교에 다니던 시절이라 잘은 모르지만 내 일생에서 가장 참혹했던 시기이었다.

이게 누구의 잘못인가? 미 쏘의 잘 못인가? 주범은 김일성이다. 우리나라 초대 대통령인 이승만의 잘못은 없는가? 전혀 없다고 말 할 수가 없다. 전쟁 중이었으니까? 오판과 오류, 과단성이 필요했고 오로지 전쟁을 수행해서 승리하기 위한 희생은 불가피했을 것이다. 그럼에도 불구하고 북쪽과 달리 민주주의 국가를 세우고 전쟁에서 지지않은 이승만 대통령은 존경스런 대통령이다.

휴전 중인 지금 우리는 잘 하고 있는가?

2권 유럽편

# 세계 위인의 생가를 찾아서

2021년 11월 2일 인쇄
2021년 11월 8일 발행

|지 은 이| 배인환
|발 행 인| 정해석
|후　　원| 대전광역시, (재)대전문화재단

|펴 낸 곳| (주)애드파워
|주　　소| 대전시 유성구 대학로 227번길
|전자우편| addpower1@hanmail.net
|대표전화| 1899-9856
|팩　　스| 042-862-4510

ISBN : 978-89-88852-91-0 (03920)
값 20,000원

이 사업은 대전광역시 DAEJEON METROPOLITAN CITY 대전문화재단 에서
사업비 일부를 지원 받았습니다.